LE PLAN ASTRAL

PAR

C. W. LEADBEATER

TRADUIT DE L'ANGLAIS

2ᵉ ÉDITION
REVUE ET CORRIGÉE

PARIS
PUBLICATIONS THÉOSOPHIQUES
10, RUE SAINT-LAZARE, 10
1906

OUVRAGES DÉJA PUBLIÉS :

La Philosophie ésotérique de l'Inde (1° édition), par J.-C. Chatterji.

Le Christianisme ésotérique, par Annie Besant.

Les Lois de la destinée, par le Dr Th. Pascal.

Le Credo chrétien, par C. W. Leadbeater.

Histoire de l'Ame, par R. A.

Les Trois Sentiers (2° édition), par Annie Besant.

Réincarnation, par Annie Besant.

La Théosophie est-elle antichrétienne ? par Annie Besant.

La Nécessité de la Réincarnation, par Annie Besant.

La Sagesse Antique (2° édition), par Annie Besant.

Vers le Temple (2° édition), par Annie Besant.

Sur le Seuil, par X.

Le Guide Spirituel, de Molinos.

Le Temps et l'Espace, par Guébirol.

Neuf Upanishads, par G. R. S. Mead.

La Théosophie et son œuvre dans le monde, par Annie Besant.

Les Formes-Pensées, par Annie Besant et C. W. Leadbeater.

La Théosophie en quelques chapitres (2° édition), par le Dr Th. Pascal.

L'A B C de la Théosophie (2° édition), par le Dr Th. Pascal.

Esquisse de la Théosophie (2° édition), par C. W. Leadbeater.

Le Plan mental, par C. W. Leadbeater.

Le Plan astral (2° édition), par C. W. Leadbeater.

Apollonius de Tyane, par G. R. S. Mead.

Le Pouvoir de la Pensée (2° édit.), par Annie Besant.

Karma (2° édition), par Annie Besant.

Doctrine Secrète, 1 vol. (2° édit.), par H. P. Blavatsky.

LE PLAN ASTRAL

LE PLAN ASTRAL

PAR

C. W. LEADBEATER

TRADUIT DE L'ANGLAIS

2ᵉ ÉDITION

REVUE ET CORRIGÉE

PARIS

PUBLICATIONS THÉOSOPHIQUES

10, RUE SAINT-LAZARE, 10

1906

PRÉFACE

Quelques mots suffiront pour présenter ce petit ouvrage au lecteur : c'est le cinquième d'une série de manuels rédigés à la demande générale afin de présenter sous une forme simple les enseignements théosophiques. Quelques personnes se sont plaintes de ce que notre littérature fût à la fois trop abstraite, trop technique et d'un prix trop élevé pour le lecteur ordinaire. Nous espérons que la série en cours de publication pourra satisfaire un très réel besoin. La Théosophie n'est pas seulement pour les savants: elle est pour tous. Parmi les lecteurs qui, dans ces pages, se trouveront pour la première fois en présence des enseignements théosophiques, quelques-uns peut-être seront tentés d'approfondir ses aspects philosophique, scientifique et religieux et en aborderont les problèmes plus dif-

*ficiles, animés d'un zèle studieux et d'une
ardeur de néophyte. Ces manuels pourtant
ne s'adressent pas uniquement à l'étudiant
plein d'ardeur que nulle difficulté initiale ne
rebute; ils sont écrits pour les hommes et les
femmes emportés par le courant de la vie et
des activités journalières; leur but est d'expliquer quelques-unes des grandes vérités qui
rendent l'existence plus facile à supporter et
la mort plus facile à envisager. Ecrits par les
serviteurs de ces Maîtres qui sont les Frères
Aînés de notre race, ils ne peuvent avoir d'autre objet que le service de l'humanité.*

LE PLAN ASTRAL

INTRODUCTION

L'homme vit, en général sans s'en douter aucunement, au milieu d'un monde invisible, immense et habité. Ce monde, il peut l'apercevoir dans une certaine mesure lorsqu'il dort ou qu'il passe à l'état de transe, parce qu'alors ses sens physiques sont momentanément inactifs, et il arrive parfois qu'il conserve en se réveillant un souvenir plus ou moins exact de ce qu'il a vu et entendu. Lors de ce changement que nous appelons Mort, il abandonne définitivement son corps physique, il passe dans ce monde invisible et y demeure pendant les siècles qui s'écoulent entre ses incarnations successives dans le monde visible. La plus grande partie, et de beaucoup, de ces longues périodes se passe dans le monde céleste, qui est

1.

décrit dans le sixième manuel. Mais nous allons
considérer ici la région inférieure de ce monde
inconnu, l'état dans lequel l'homme se trouve
aussitôt après sa mort, Hadès ou le royaume des
ombres pour les Grecs; le Purgatoire ou état
intermédiaire des chrétiens; ce que les alchimis-
tes du moyen âge nommaient le plan astral. L'objet de ce manuel est de recueillir tous les docu-
ments relatifs à cet intéressant sujet épars dans
la littérature théosophique, de les coordonner et
enfin d'y ajouter quelques faits nouvellement
découverts. Quant à ceux-ci, comme ils ne sont
que le résultat des recherches de quelques explorateurs, il est bien entendu qu'ils ne sont donnés
que comme tels et pour ce qu'ils valent, sans prétendre aucunement faire autorité. Toutefois, nous
avons pris toutes les précautions possibles pour
n'avancer rien que d'exact, aucun fait ancien ou
récent n'ayant été admis dans ce manuel sans
être basé sur le témoignage de deux au moins
de nos observateurs dûment entraînés, opérant
séparément, et reconnu correct par de plus
anciens que nous, dont la compétence en pareille
matière doit nécessairement dépasser la nôtre.
On peut donc espérer que cette description du
plan astral, sans prétendre être tout à fait complète, sera un guide sûr dans les limites où elle
se tient.

Le premier point sur lequel il faut insister en décrivant le plan astral, c'est son absolue *réalité*. Naturellement en me servant de ce mot, je ne me place pas à ce point de vue métaphysique qui envisage tout comme irréel, parce qu'impermanent, excepté l'Absolu non manifesté, je prends le mot dans son sens habituel et courant, et j'entends par là que les objets et les habitants du plan astral sont vrais de la même façon que nos corps, nos meubles, nos maisons, nos monuments, — aussi vrais que « Charing Cross » (1), a dit un des premiers livres théosophiques. Ils ne sont pas plus éternels que les objets du plan physique, mais ce sont, au même titre que ceux-ci, des réalités pendant qu'ils durent — des réalités que nous n'avons pas le droit d'ignorer sous prétexte que l'humanité n'a pas encore, ou n'a que vaguement, conscience de leur existence.

Personne ne peut avoir une compréhension nette des enseignements de la Religion-Sagesse s'il n'a bien compris ce fait que, dans notre système solaire, il existe des plans bien définis, composés chacun de sa matière propre à des degrés divers de densité; et que plusieurs de ces plans peuvent

1. Une des places les plus connues et les plus fréquentées de Londres. C'est comme si nous disions l'Opéra ou la gare Saint-Lazare, à Paris. (Note du Traducteur.)

être visités et observés par des personnes ayant
acquis la préparation nécessaire, exactement
comme des pays étrangers peuvent être visités
par des explorateurs. En comparant soigneuse-
ment les observations de ceux qui travaillent sur
ces plans, on peut obtenir des preuves au moins
aussi satisfaisantes que celles que la plupart d'entre nous acceptent de l'existence du Groenland
ou du Spitzberg. De plus, de même que tout
homme qui en a les moyens, s'il veut se donner la
peine nécessaire, peut aller lui-même voir le
Groenland et le Spitzberg, tout homme qui veut
prendre la peine d'acquérir les facultés requises
par un genre de vie spécial, peut avec le temps
arriver à observer pour son propre compte ces
plans supérieurs.

Les noms que l'on donne habituellement à ces
plans en les classant par ordre de matérialité, du
plus dense au plus subtil, sont : le plan physique,
le plan astral, le plan mental ou céleste ou dévachanique, le plan bouddhique, le plan nirvâni-
que. Plus haut encore sont deux plans qui dépas-
sent tellement nos pouvoirs actuels de conception
qu'il est inutile d'en parler. Il faut concevoir que
la matière de chaque plan diffère de celle du plan
précédent d'une manière analogue à la différence
que nous connaissons entre la vapeur et l'état
solide, mais à un degré bien supérieur ; du reste

les états de la matière que nous appelons solide, liquide et gazeux ne sont que les trois subdivisions inférieures de la matière qui compose le plan physique.

La région astrale, que je vais essayer de décrire, forme le second de ces plans, le plus rapproché au-dessus, ou au-dedans, de ce monde physique qui nous est familier. On l'a souvent appelé le royaume de l'illusion, non qu'il soit lui-même plus illusoire que notre monde, mais à cause du vague extrême des impressions qu'en rapportent les voyants mal préparés. Ceci peut s'expliquer par deux propriétés caractéristiques du monde astral. Primo : beaucoup de ses habitants ont le pouvoir merveilleux de changer de forme avec la rapidité d'un Protée, et de jeter un charme illusionnel presque illimité sur ceux dont il leur prend fantaisie de se jouer. Secundo : la vision sur ce plan est une faculté différente de la vision physique et beaucoup plus étendue. L'objet est perçu, pour ainsi dire, par tous les côtés à la fois, l'intérieur d'un solide est aussi visible que son extérieur ; il est donc évident qu'un voyageur inexpérimenté aura beaucoup de peine à se rendre compte de ce qu'il voit dans ce nouveau monde et plus de peine encore à traduire sa vision en langage ordinaire.

Un bon exemple du genre d'erreur qui a chance

de se produire est le fréquent renversement des nom-
bres que le voyant lit dans la lumière astrale (1) :
ainsi, 139 au lieu de 931, etc. S'il s'agit d'un étudiant en occultisme entraîné par un Maître capable, de telles erreurs ne pourraient être dues qu'à
la hâte ou la négligence, puisque l'élève doit avoir
passé par une instruction aussi longue que variée
dans l'art de voir correctement ; son Maître ou un
élève déjà avancé lui présentant sans cesse toutes
les formes possibles d'illusions en demandant« que
voyez-vous ? » S'il se trompe dans ses réponses,
son erreur lui est démontrée, les causes expliquées
et ainsi peu à peu le néophyte acquiert un degré
de certitude et de confiance dans ses rapports avec
le plan astral bien supérieur à celui qui est possible sur le plan physique.'

Ce n'est pas tout de voir correctement, il faut
encore traduire correctement sur le plan physique
le souvenir rapporté du plan supérieur. Et pour
cela, on lui enseigne à transférer sans interruption sa conscience d'un plan à l'autre et à la
ramener de même, car, tant qu'il n'est pas capable
de cette transposition, les souvenirs peuvent tou-

1. Les expressions *astral* et *lumière astrale* appartiennent au langage des occultistes du moyen âge et répondent
bien à l'aspect extrêmement lumineux qui caractérise, pour
la plupart des voyants, le plan dont il est question dans
ce volume. (N. d. T.)

jours se perdre ou s'altérer pendant la lacune qui
sépare ses périodes de conscience sur les deux
plans. Quand ce pouvoir est définitivement acquis,
l'élève est en possession de l'usage de toutes ses
facultés astrales, non seulement pendant qu'endormi ou en trance il est hors de son corp physique, mais aussi alors qu'il est éveillé et au milieu
de sa vie normale.

Plusieurs théosophes ont parlé avec dédain du
monde astral, le déclarant indigne d'attention ;
cela me paraît une erreur. Très certainement notre
but véritable doit être la vie spirituelle, et les
résultats de la négligence de ce développement
supérieur seraient désastreux pour celui qui se
contenterait d'atteindre la conscience astrale. Il y
a eu aussi des gens dont le Karma était tel, qu'ils
ont eu la possibilité de développer d'abord les
facultés plus hautes, les facultés mentales, de sau-
ter en quelque sorte le plan astral, mais ce n'est
pas la méthode que les Maîtres de la Sagesse appli-
quent d'ordinaire à l'éducation de leurs élèves.
Quand la chose est possible, elle épargne du
temps et de la peine, mais pour la plupart d'entre nous, les erreurs et les fautes du passé nous
interdisent ce progrès par sauts et par bonds ;
tout ce que nous pouvons espérer, c'est de pro-
gresser pas à pas et le plan astral étant le plus
voisin du nôtre, il est ordinairement l'objet de nos

premières expériences extraphysiques. Le plan astral présente donc un profond intérêt pour ceux qui ne font que commencer ce genre d'études, et la claire compréhension de ses mystères peut avoir la plus grande importance, non seulement en nous permettant de comprendre les phénomènes du spiritisme, des maisons hantées, etc., qui seraient autrement, inexplicables, mais encore en nous apprenant à préserver nous et les autres de dangers possibles.

La première révélation de ce monde remarquable vient à chacun d'une manière différente. Il y a des personnes qui une seule fois dans leur vie, sous l'empire d'influences spéciales, deviennent assez sensibles pour percevoir la présence d'un de ses habitants, et comme l'expérience ne se répète pas, elles peuvent avec le temps croire qu'elles ont été victimes d'une hallucination. D'autres se découvrent une tendance sans cesse croissante à voir et à entendre des choses que ceux qui les entourent ne voient ni n'entendent. D'autres encore, et c'est peut-être la majorité, commencent par se rappeler d'une façon plus ou moins nette ce qu'ils ont vu et entendu sur ce plan durant leur sommeil.

Parmi les personnes qui se livrent à ce genre d'études, il y en a qui cherchent à développer la vision astrale en fixant un cristal ou par d'autres

méthodes ; tandis que ceux qui ont le grand avantage d'être sous la conduite directe d'un Maître
expérimenté se trouvent généralement transportés
sur ce plan pour la première fois sous sa protection spéciale, qu'il leur conserve jusqu'à ce que
diverses épreuves l'aient convaincu que chaque
élève est désormais à l'abri de tous les dangers et
de toutes les craintes qui peuvent l'assaillir. De
quelque façon qu'elle se présente, la première
apparition de ce grand monde plein de vie et d'activité, au milieu duquel nous vivons inconsciemment, marque une époque mémorable dans l'existence.

Cette vie astrale est tellement abondante et
complexe que le néophyte en est d'abord complètement déconcerté ; le plus exercé des explorateurs
n'a guère la tâche plus facile quand il essaye de
classer et de cataloguer ce qu'il voit. Supposez
que l'on demande à un voyageur qui traverse
une forêt tropicale inconnue, non seulement de
décrire le pays où il a passé, en entrant dans
tous les détails voulus sur ses productions végéta-
les et minérales, mais encore de fournir par genres et espèces la liste des myriades d'insectes,
d'oiseaux, de bêtes sauvages. et de reptiles qu'il
a rencontrés, il serait en droit de reculer épouvanté devant l'énormité de l'entreprise. Cependant
l'explorateur psychique se trouve encore bien

autrement embarrassé, car son cas est encore compliqué premièrement par la difficulté de trans-porter correctement d'un plan sur l'autre le sou-venir de ce qu'il a vu, et ensuite par l'inappro-priation du langage ordinaire à l'expression de ce qu'il doit décrire.

Néanmoins, de même que le voyageur (physi-que) devrait probablement commencer son rapport sur la contrée inconnue par une sorte de descrip-tion générale de son aspect et de ses caractères, il sera bon pour nous de placer au début de cette légère esquisse du plan astral, une faible image des paysages qui forment le fond de ses activités merveilleuses et toujours changeantes. Dès les premiers pas l'extrême complexité du sujet s'élève comme une difficulté presque insurmontable. Tous ceux qui ont la pleine vision du plan astral sont d'accord pour comparer l'entreprise d'évoquer ces paysages devant des regards non exercés à tout ce qu'on peut dire à un aveugle de l'exquise variété des teintes d'un soleil couchant. Quelque détaillée et précise que soit la description, on ne peut avoir la certitude que l'image évoquée dans l'esprit de l'aveugle ressemble à la réalité.

☙   ☙

☙

LE DÉCOR

Il faut d'abord se rappeler que le plan ou monde astral a sept subdivisions caractérisées chacune par un degré différent de matérialité et un état particulier de la matière qui lui appartient. Quoique la pauvreté du langage physique nous oblige de qualifier ces subdivisions, ou sous-plans, d'inférieurs et de supérieurs, ce serait une erreur que de nous les représenter comme occupant des régions distinctes dans l'espace, comme superposés l'un à l'autre à la manière des rayons d'une bibliothèque, ou comme se recouvrant l'un l'autre à la façon des pelures d'un oignon. Il en est du reste de même pour les grandes divisions qui s'appellent les plans. Comprenons bien que la matière de chaque plan ou sous-plan pénètre la matière plus grossière du plan ou sous-plan que nous sommes convenus d'appeler inférieur, de telle sorte que tous existent ensemble à la surface de la terre et y occupent le même espace. Pourtant les variétés de matières dites supérieures (c'est-à-dire les plus subtiles) s'étendent plus loin de la terre physique que les plus grossières.

Ainsi donc, quand nous disons d'un homme qu'il s'élève d'un plan ou d'un sous-plan à un autre, nous n'entendons pas par là qu'il se déplace dans l'espace, mais plutôt qu'il transfert sa conscience d'un état à un autre, cessant graduellement de répondre aux vibrations d'un ordre inférieur de matière pour répondre, par contre et de plus en plus, à celles d'un ordre plus subtil et plus raffiné. De sorte que, à mesure qu'un monde avec tous ses aspects et sa population s'évanouit lentement à ses yeux, un monde nouveau et plus élevé se révèle à la place.

Si nous énumérons ces sept sous-plans en commençant par le plus élevé, nous les voyons se diviser en trois classes, la première comprenant les subdivisions 1, 2, 3, la seconde les numéros 4, 5, 6 et la troisième le sous-plan septième et dernier. Entre ces classes les différences de matière pourraient se comparer à celles qui existent entre un solide et un liquide, tandis que les différences entre deux subdivisions d'une même classe ressembleraient à des variétés de solides, comme, par exemple, le sable et l'acier. Laissant pour l'instant de côté le septième sous-plan, nous dirons que les sixième, cinquième et quatrième subdivisions du plan astral ont pour décor le monde physique dans lequel nous vivons avec tous les accessoires qui nous sont familiers. La vie sur le

sixième sous-plan est semblable à notre vie terrestre habituelle moins le corps physique et ses
nécessités. En s'élevant dans les cinquième et
quatrième sous-plans, elle devient de moins en
moins matérielle et s'abstrait de plus en plus de
notre monde inférieur et de ses intérêts.

L'aspect de ces subdivisions inférieures est donc
celui de la terre telle que nous la voyons, mais
beaucoup plus complexe, car vus dans ces nouvelles conditions, à l'aide des sens astrals, les objets
purement physiques eux-mêmes présentent un
tout autre aspect. Comme on l'a déjà dit, une personne dont la vue astrale est complètement développée voit les objets, non d'un seul point de vue
comme nous faisons, mais de tous les côtés à la
fois — ce qui est déjà bien déroutant — et quand
nous aurons ajouté que toutes les particules de
l'intérieur d'un solide sont aussi visibles que celles
qui en forment l'extérieur, on comprendra que les
objets les plus familiers semblent d'abord parfaitement inconnus.

Cependant, si on y réfléchit, on verra bientôt
qu'un tel mode de vision se rapproche bien
davantage de la vérité que la vue physique. Exa-
minés sur le plan astral, par exemple, les faces
d'un cube de verre paraîtraient égales comme elles
le sont vraiment, tandis que sur le plan physique
la face postérieure, étant plus éloignée, nous sem-

blerait plus petite que la face antérieure, ce qui
est naturellement un effet de perspective, une illusion d'optique. Ce caractère de la vision astrale
l'a fait appeler parfois vision à quatre dimensions,
expression très suggestive.

Il faut ajouter à ces sources d'erreurs possibles
de nouvelles complications du fait que cette
vision supérieure atteint des variétés de matière
qui, bien qu'encore purement physiques, sont
cependant invisibles à la vue ordinaire. Telles sont
par exemple, les particules qui composent l'atmosphère, les émanations variées qu'émet tout
ce qui a vie et quatre degrés encore plus subtils
de matière que, faute de noms distinctifs, on
englobe sous le vocable d'éthériques. Ces derniers
forment un système par eux-mêmes et pénètrent
librement à l'intérieur de toutes les autres formes
de matière physique. L'étude de leurs vibrations
et des modifications que diverses forces supérieures leur font subir, ouvrirait un champ de
recherches profondément intéressantes aux hommes de science qui posséderaient la vision nécessaire pour les examiner.

Même quand l'imagination aura bien saisi les
conséquences de ce qui précède, on ne comprendra pas encore, même à demi, la complexité du
problème, car en dehors de ces variétés nouvelles
de la matière physique, il faut compter avec les

subdivisions encore plus nombreuses et plus embarrassantes de la matière astrale.

Il faut remarquer d'abord que chaque objet matériel, chaque particule même, a sa contre-partie astrale et que celle-ci, loin d'être simple, est habituellement très complexe, se trouvant composée de diverses sortes de matière astrale. De plus tout être vivant est entouré d'une atmosphère personnelle, qu'on appelle l'aura et qui forme par elle-même une branche d'étude très attirante quand il s'agit d'êtres humains. Elle a l'appa-rence d'un nuage lumineux d'une composition extrêmement compliquée et que sa forme ovale a fait quelquefois appeler l'œuf aurique.

Le lecteur théosophe apprendra avec plaisir que dès le premier degré du développement de la vision supérieure, il est possible à l'élève de s'as-surer, par l'observation personnelle, de l'exacti-tude des enseignements de Mᵐᵉ Blavatsky rela-tivement à quelques-uns au moins des « sept principes de l'homme ».

En regardant un de ses semblables, il ne voit plus seulement sa forme physique, mais il distin-gue clairement le double éthérique d'une éten-due à peu près égale et il peut voir aussi le fluide vital universel, absorbé et spécialisé par le corps y circuler sous l'aspect d'une lumière rosée, puis

rayonner à l'extérieur quand la personne est en
parfaite santé.

Une aura plus brillante et peut être plus facile
à apercevoir, quoique composée d'un ordre de
matière plus subtil, l'astral, est celle qui traduit
par des éclats rapides de couleurs sans cesse
changeantes, les désirs qui traversent à chaque
instant l'esprit d'un homme. C'est l'aura du vrai
corps astral. Après lui, composé de matière plus
subtile encore, — celle des subdivisions rûpa (à formes) du plan mental, — viennent le corps du mental inférieur, et son aura, dont les couleurs, en
se modifiant lentement, à mesure que l'homme
vit son existence, montrent les dispositions et les
caractéristiques de sa personnalité et le courant
général de sa pensée. Plus haut encore, et infiniment plus beau, pour peu qu'il soit nettement
développé, se voit le corps causal, sous forme de
vivante lumière ; c'est le véhicule du moi supérieur, et il montre le degré d'évolution du véritable Ego à travers toutes ses vies. Mais pour voir
ces derniers corps, il faut naturellement que
l'élève ait acquis la vue spéciale des plans auxquels
ils appartiennent.

On évitera bien des difficultés en regardant du
premier coup ces auras non pas comme de simples émanations, mais comme une partie de la
manifestation de l'Ego sur les divers plans, et en se

pénétrant bien du fait que c'est l'œuf aurique total qui constitue l'homme réel et non pas seulement le corps physique qui en occupe le milieu. Avant de se réincarner l'Ego habite les niveaux supérieurs du plan mental, les sous-plans dits « sans formes (arûpa) » qui sont sa vraie demeure ; il a alors pour véhicule unique le corps causal. Mais pour retourner, en réincarnation il redescend d'abord dans les niveaux inférieurs du même plan, les subdivisions ou sous-plans dits « à formes (rûpa) », c'est-à-dire, en d'autre termes, qu'il attire à lui, tout en conservant son corps causal, de la matière appropriée de ces sous-plans et eu forme son corps mental ou dévachanique, qui seul peut le mettre à même d'agir dans ce nouveau milieu. Il forme ensuite, de la même façon, son corps astral, ou corps des désirs, au moyen de la matière du plan astral, et poursuivant ce qu'on appelle sa descente, il arrive à notre plan physique, le plus bas de tous, par le fait que son corps physique se forme finalement au milieu de l'œuf aurique qui contient ainsi l'homme tout entier. On trouvera de plus grands détails sur ces auras dans le n° 18 des *Transactions* de la Loge de Londres et dans mon livre *L'homme visible et invisible*, mais ce qui vient d'être dit suffit à montrer qu'elles occupent toutes le même lieu dans l'espace, les plus subtiles pénétrant les plus grossiè-

res, de sorte que le novice n'arrive à les distinguer
l'une de l'autre au premier coup d'œil qu'après
de sérieuses études et beaucoup de pratique. Malgré cela, l'aura humaine, tout au moins en partie,
est assez souvent le premier objet purement astral
perçu par un ignorant et il est naturel qu'en pareil
cas les indications en soient mal comprises.

Quoique les brillants éclairs colorés de l'aura
astrale attirent souvent davantage la vue, le double éthérique et l'éther du système nerveux sont
en réalité beaucoup plus denses, appartenant au
monde physique, bien qu'invisibles à la vue ordinaire. En étudiant avec les facultés psychiques le
corps d'un nouveau-né, on le trouve imprégné
non seulement de matière astrale de tous les
degrés de densité, mais aussi de chacune des
quatre classes de matière éthérique. Et si l'on
prend la peine de remonter à l'origine de ces
corps intérieurs, on voit que ce sont les agents
des Seigneurs du Karma qui forment en cette dernière matière le double éthérique, qui sert de
moule au corps physique, tandis que la matière
astrale a été cueillie sur le plan astral, d'une façon
automatique et inconsciente, par l'Ego dans sa
descente (voir *Karma*, de Mᵐᵉ Besant).

Tous les degrés de matière éthérique entrent
dans la composition du double, mais dans des proportions qui varient beaucoup et sont détermi-

nées par divers facteurs tels que la race, la sous-
race et le type de l'homme autant que par son
karma individuel. Si l'on se rappelle que les
quatre subdivisions de matière éthérique sont composées de nombreuses combinaisons qui à leur
tour forment des aggrégats qui entrent dans la
composition de l' « atome », — le soi-disant élément des chimistes, — on verra que ce second
principe de l'homme est extrêmement complexe
et que ses variétés possibles sont pour ainsi dire
infinies. Il en résulte que quelque compliqué et
extraordinaire que puisse être le karma d'un
homme, il est possible, à ceux qui en sont char-
gés, de préparer un modèle parfaitement approprié
à ce que le corps doit être. Pour se renseigner
davantage sur ce vaste sujet du Karma, consulter
l'opuscule de Mme Besant, *Karma*, et le chapitre IX
de *la Sagesse Antique*, également de Mme Besant.
Disons encore, à propos de la matière physique
vue du plan astral, que la vision supérieure, quand
elle est entièrement développée, a le pouvoir de
grossir à volonté la plus minuscule parcelle de
matière physique à la façon d'un microscope et
à un degré qu'aucun microscope présent ou à
venir n'atteindra probablement jamais.

L'occultiste connaît ainsi comme des réalités
la molécule et l'atome qui sont encore pour le
savant de simples hypothèses, mais il les sait bien

autrement complexes que celui-ci n'est porté à
l'admettre. Encore un vaste champ d'études pas-
sionnantes auxquelles un volume entier pourrait
être consacré. Et un savant chercheur qui possé-
derait à la perfection la vue astrale, non seulement
trouverait ses expériences sur les phénomènes
ordinaires, connus, grandement facilitées, mais
encore verrait s'ouvrir devant lui des possibilités
nouvelles qu'une vie entière ne suffirait pas à
approfondir. Par exemple, une des plus belles et
curieuses nouveautés révélées par cette vue serait
l'existence de couleurs entièrement inconnues
jusqu'ici, en dehors des limites du spectre visible
à la vue ordinaire, les raies de l'ultra-violet et de
l'ultra-rouge que la science a découvertes par
d'autres moyens devenant pleinement visibles à la
vision astrale. Mais ne nous égarons pas dans ces
attrayants sentiers de traverse et revenons à notre
esquisse générale du plan astral.

On aura compris maintenant que bien qu'il ait
été dit que les objets familiers du monde physique forment le fond du décor sur certaines divisions du plan astral, ces objets sont vus d'une
façon tellement plus complète et plus voisine de
la réalité, que l'effet général est très différent de
celui qui nous est familier. Pour donner un exemple, prenons un objet des plus simples, un rocher.
Pour un voyant bien exercé, ce n'est plus un

bloc de pierre inerte. Tout d'abord il peut voir toute sa matière physique au lieu d'une partie seulement ; 2° il perçoit les agitations des particules physiques ; 3° il découvre un double astral composé de divers genres de matière astrale dont les particules sont aussi en mouvement perpétuel ; 4° il voit la *vie universelle* circuler à travers la masse et rayonner tout autour ; 5° il distingue une aura qui l'entoure, moins étendue et moins complexe, naturellement, que dans les règnes supérieurs ; 6° l'essence élémentale qui lui est propre se montre pénétrant tout le rocher, sans cesse agitée et balancée. Dans le cas d'un végétal, d'un animal, d'un homme, les complications sont naturellement encore bien plus grandes.

Quelques lecteurs objecteront sans doute que la plupart des psychiques ne décrivent point toutes ces choses quand ils ont eu un aperçu plus ou moins occasionnel du plan astral, et que les entités qui se manifestent aux séances spirites n'en parlent pas davantage, mais il est facile d'expliquer cela. Peu de gens vivants ou morts arrivent à voir les choses comme elles sont sur ce plan, même après une très longue expérience, s'ils n'ont pas passé par un entraînement ; ceux mêmes dont la vue est complète sont souvent trop éblouis et trop troublés pour comprendre et se rappeler. Et parmi la petite minorité qui comprend et se rappelle, à

2.

peine s'en trouve-t-il qui sachent traduire leurs souvenirs en langage terrestre. Beaucoup de psychiques non exercés n'étudient jamais scientifiquement leurs visions ; ils reçoivent simplement une impression qui peut être juste, mais qui peut être aussi à moitié fausse et même tout à fait erronée.

Cette dernière hypothèse devient encore plus probable si nous faisons entrer en ligne de compte les tours que jouent fréquemment les facétieux citoyens de l'autre monde aux curieux qui n'ont pas appris à se défendre. Noter aussi que les habitants ordinaires du plan astral, humains ou élémentals, n'aperçoivent ordinairement que les objets de ce plan et que pour eux la matière physique est aussi invisible que la matière astrale pour nous. La distinction peut paraître superflue si l'on se rappelle ce que nous avons dit plus haut, à savoir que tout objet physique possède sa contrepartie ou double astral, laquelle devrait rester visible pour eux, mais elle est essentielle pour une compréhension exacte de la question.

Cependant si une de ces entités se sert constamment d'un médium, il lui est possible d'oblitérer assez les délicats sens astrals pour remplacer par la perception de notre monde physique celle des degrés supérieurs de son propre plan. Seul un vivant convenablement exercé, parfaitement

conscient sur un plan comme sur l'autre, peut être
sûr de voir les deux clairement et simultanément.
Qu'il soit donc bien entendu que cette complexité
est réelle et que l'on n'est entièrement à l'abri des
mensonges ou des erreurs que quand on sait la
voir tout entière et en démêler scientifiquement
toutes les parties.

La septième et plus basse division du plan astral
a aussi pour théâtre notre monde physique, mais
sous un aspect bien tronqué et bien altéré, puisque tout ce qui est lumineux et beau et bon dispa-
raît.

Voici comment le scribe Ani l'a décrite, il y a
quatre mille ans, dans un papyrus égyptien :
« Quel est ce lieu où je me trouve, sans eau,
sans air, profond, insondable, sombre comme la
plus sombre nuit, où des hommes errent miséra-
blement? Là nul ne peut vivre le cœur paisible. »
Pour le malheureux tombé à ce niveau il est vrai
que « toute la terre est pleine d'obscurité et de
cruelles habitations » mais c'est de lui-même que
provient cette obscurité qui lui fait passer son
existence dans une nuit perpétuelle pleine de maux
et d'horreurs — un très réel enfer, bien que
comme tous les autres enfers, il soit de création
purement humaine.

La plupart des étudiants considèrent l'explora-
tion de cette région comme une corvée pénible,

car on y éprouve comme une sensation de densité et de grossièreté matérielle extrêmement
répugnante au corps astral libéré, qui a l'impression d'avoir à se frayer un chemin à travers une
sorte de fluide noir et visqueux, au milieu d'habitants et d'influences particulièrement désagréables.

Les première, deuxième et troisième subdivisions, quoique occupant le même lieu dans l'espace, donnent . impression d'un plus grand éloignement du monde physique et par conséquent
d'une moindre matérialité. Les entités qui les
habitent perdent de vue la terre et les choses terrestres ; ils sont profondément absorbés pour la
plupart et créent eux-mêmes dans une large mesure le décor qui les entoure, décor qui est même
suffisamment objectif pour pouvoir être perçu
par les autres entités et par les clairvoyants. C'est
cette région dont les « esprits » nous parlent si
souvent dans les séances spirites sous le nom
« de summerland (le pays d'été) » et qu'ils nous
décrivent d'une manière qui reste fidèle à la
vérité dans la mesure où ils la connaissent. C'est
sur ce plan que les désincarnés appellent par un
effet de leur imagination « à une existence temporaire leurs maisons, leurs écoles et leurs cités,
et toutes ces choses restent assez réelles pour un
temps, quoique bien différentes, pour une vue plus

nette, de ce qu'elles paraissent aux yeux charmés
de leurs créateurs. Beaucoup des fantaisies qui
prennent forme là pour un temps ne manquent
pas de beauté et un visiteur qui ne connaîtrait
rien de supérieur passerait assez agréablement
son temps à errer à travers des forêts et des mon-
tagnes, des lacs et des jardins fleuris, bien plus
beaux que tout ce qui existe dans le monde physique. Il pourrait encore au besoin créer ses paysages selon sa propre fantaisie. On comprendra
mieux les détails des différences qui existent entre
ces trois subdivisions supérieures quand il sera
parlé de leurs habitants humains.

Une description du milieu astral serait incom-
plète, si l'on n'y donnait une place à ce qu'on a
appelé à tort les *Archives* ou *Tableaux de la Lumière
astrale*. Ces archives — qui sont à vrai dire une
sorte de matérialisation de la mémoire divine,
des photographies vivantes de tout ce qui est
jamais arrivé — ne sont réellement et ineffaçable-
ment gravées que sur un plan très supérieur et ne
se reflètent que d'une manière instable sur le plan
astral où il n'est guère possible de percevoir que
des tableaux momentanés et décousus au lieu
d'une représentation bien suivie. Néanmoins ces
images reflétées de toutes sortes d'événements
passés se reproduisent sans cesse dans le monde
astral et y forment une part importante de l'en-

tourage de l'explorateur. Je n'ai pas ici l'espace nécessaire pour m'étendre sur ce sujet qui est plus pleinement expliqué au chapitre XII de mon petit livre sur la *Clairvoyance*.

LES HABITANTS

Ayant ainsi esquissé — bien légèrement — le fond de notre tableau, nous devons maintenant y placer les personnages, décrire les habitants du plan astral. Il est très difficile de les classer à cause de leur extrême variété. Le mieux sera peut-être de les diviser en trois grandes classes : les humains, les non-humains et les artificiels.

I. — Humains.

Les citoyens humains du monde astral se séparent naturellement en deux groupes : les vivants et les morts, ou pour parler plus exactement, ceux qui ont encore un corps physique et ceux qui n'en ont plus.

1° *Les vivants.*

On peut compter quatre catégories d'hommes qui se manifestent sur le plan astral pendant leur vie physique :

1° *L'Adepte et ses élèves.* — Les membres de cette catégorie emploient généralement comme

véhicule non pas le corps astral, mais le corps
mental composé de matière empruntée aux quatre
subdivisions inférieures ou « rûpa (à formes) » du
plan immédiatement supérieur. Ce véhicule présente l'avantage de leur permettre de passer instantanément du plan astral au plan mental et ré-
ciproquement et d'user en tout temps du plus
grand pouvoir et du discernement plus subtil
inhérents au plan mental.

Le corps mental n'est pas du tout visible à la
vue astrale ; aussi le disciple qui opère dans ce
véhicule apprend-il à s'envelopper d'un voile
temporaire de matière astrale quand, dans le cours
de son travail, il désire se manifester aux habitants du plan inférieur pour les aider plus effica-
cement. Ce voile temporaire est ordinairement
formé d'abord par le Maître, qui enseigne ensuite
à son élève le moyen de le construire lui-même
avec aisance et rapidité. C'est un corps qui, tout
en reproduisant l'exacte apparence de l'homme,
ne contient point de matière de son propre corps
astral ; il est relativement à celui-ci ce qu'est
une *matérialisation* au corps physique.

On rencontre aussi des disciples moins avancés
fonctionnant dans leur corps astral; mais l'homme
qui est introduit sur ce plan par un guide compétent, y fonctionne toujours avec la plus grande
facilité sur tous les sous-plans et en pleine con-

science quel que soit le véhicule qu'il emploie. Il
est vraiment lui-même tel que ses amis le connaissent ici-bas *moins* ses quatre ou ses trois
principes inférieurs suivant le cas, et *plus* les
pouvoirs et les facultés de sa nouvelle condition.
Ceci lui permet de continuer avec plus de facilité
et de succès pendant son sommeil les travaux
théosophiques qui occupent ses heures de veille.
Suivant son habileté à transférer sa conscience
sans interruption d'un état à l'autre, il pourra se
rappeler plus ou moins exactement sur le plan
physique ce qu'il aura fait ou appris sur l'autre.

L'explorateur pourra rencontrer parfois sur le
plan astral des occultistes de toutes les parties du
monde terrestre (appartenant à des loges sans
aucun lien avec les maîtres que connaissent les
théosophes) qui, le plus souvent, cherchent la vérité
avec autant d'abnégation. Il faut remarquer que
toutes ces loges connaissent au moins l'existence
de la grande confrérie de l'Himalaya et convien-
nent qu'elle compte parmi ses membres les Adeptes les plus élevés aujourd'hui connus sur la terre.

2° *Les personnes développées sous le rapport
psychique qui ne sont pas sous la tutelle d'un Maître.* — De telles personnes peuvent être ou n'être
pas développées spirituellement, car ces deux formes d'avancement ne vont pas nécessairement
de pair. Les pouvoirs psychiques qu'on apporte

3

en naissant sont le résultat d'efforts accomplis dans une incarnation précédente ; ils peuvent avoir eu le caractère le plus noble et le plus altruiste, mais aussi avoir été aveugles et mal dirigés ou même tout à fait blâmables.

Ces psychiques sont d'ordinaire parfaitement conscients hors de leur corps physique, mais faute de l'éducation nécessaire, ils sont sujets à se tromper sur la nature de ce qu'ils voient. La plupart seront presque aussi capables qu'un disciple de parcourir toutes les subdivisions du plan astral, mais certains seront plus spécialement attirés par une seule d'entre elles et ne pourront s'en éloigner que bien rarement. Quant aux souvenirs qu'ils en garderont, ils varieront, selon le degré de développement, de la mémoire la plus nette à l'erreur complète ou à l'oubli absolu. Ils se montrent toujours dans le corps astral, faute de savoir fonctionner dans le véhicule mental.

3° *Les personnes ordinaires*, c'est-à-dire celles qui n'ont aucun développement psychique et qui pendant leur sommeil flottent çà et là en corps astral dans un état plus ou moins inconscient. Dans le sommeil profond du corps physique, les principes supérieurs réunis au véhicule astral, se détachent à peu près invariablement dudit corps dans le voisinage immédiat duquel ils restent suspendus ; mais chez les personnes qui ne sont pas du tout développées ils sont en somme à peu près aussi endormis que le corps physique.

Dans certains cas, cependant, ce véhicule astral est moins léthargique et s'en va rêvant, au gré des courants astrals, rencontrant parfois des gens de sa connaissance dans un état semblable, passant par des aventures de tous genres, agréables et désagréables; et le lendemain au réveil, le souvenir irrémédiablement confus, grotesquement travesti de tout cela, lui fait dire: quelles choses extraordinaires j'ai rêvées !

Tous les gens cultivés appartenant aux races supérieures, ont dès à présent leurs sens astrals bien assez développés pour pouvoir observer les réalités qui les entourent pendant le sommeil et en apprendre beaucoup, s'ils étaient suffisamment attentifs. Mais cet éveil de l'attention manque dans la grande majorité des cas; ces gens passent la nuit dans une rêverie profonde, une espèce d'absorption, ruminant les pensées qui les occupaient avant de s'endormir. Ils ont les facultés astrales, mais ne s'en servent guères ; leurs sens sur ce plan sont bien existants, mais non éveillés, et ils ne sont conscients de ce qui les entoure que bien peu ou point du tout.

Qu'un tel homme devienne l'élève d'un Maître de la Sagesse, il est aussitôt tiré de sa somnolence, pleinement éveillé aux réalités astrales qui l'en-

tourent et occupé à les comprendre et à travailler
au milieu d'elles, de sorte que les heures jusqu'a-
lors totalement vides de son sommeil sont rem-
plies d'utile activité sans nuire au repos nécessaire
du corps physique. (Voir les *Aides invisibles*,
chap. V).

Ce corps astral détaché est très vague de forme
et mal défini dans son contour dans le cas d'individus ou de races inférieurs. Mais les traits et la
forme du noyau central (1) restent reconnaissa-

---

1. Le corps astral, qu'il soit réuni au corps physique, en
l'état de veille, ou qu'il en soit séparé par la mort ou le
sommeil (profond), ce « frère cadet de la mort », consiste
toujours en une masse nuageuse ovoïde, présentant en
son milieu un noyau beaucoup plus dense et plus épais,
ayant les dimensions et la ressemblance du corps physique. Les parties de l'ovoïde astral en dehors du noyau
sont ce qu'à proprement parler on appelle l'aura astrale,
qui s'étend chez le commun des mortels à environ un demi-
mètre du noyau central.

Le corps mental présente un arrangement tout à fait
semblable. Il n'en est pas de même du corps causal immor-
tel, lequel étant fait de matériaux appartenant aux subdivisions *sans formes* du monde mental, se montre sous
l'aspect plus simple d'un ovoïde dépourvu de la forme centrale qui existe au milieu des deux corps précédents. On
sait que le corps éthérique *double* également la forme du
corps physique. Dans l'état de veille de l'homme vivant,
l'*œuf aurique* présente donc en son milieu quatre formes
humaines identiques par leur contour et leur dimension et

bles, quoique effacés et peu distincts, et bien
que l'œuf aurique ne soit guère digne de ce nom,
étant réduit à un nuage vague aux contours irré-
guliers et changeants. Chez l'homme développé,
au contraire, la forme centrale est bien plus
nette et plus distincte et reproduit exactement
l'homme physique; et de plus l'aura possède un
contour ovoïde nettement dessiné et qui demeure
invariable au milieu du tumulte des courants qui
agitent sans cesse le monde astral. Les facultés
psychiques de l'humanité étant en cours d'évolution, et tous les degrés de développement se trou-

se pénétrant l'une l'autre, à savoir les formes physique,
éthérique, astrale et mentale, et tout autour une aura mul-
tiple où coexistent (sans parler des émanations du corps
physique) des radiations éthériques, l'aura astrale, l'aura
mentale et des parties du corps causal.

C'est donc une chose très complexe, mais cette complexité se simplifie en pratique par le fait que, de même
que la vision physique n'y distingue que le corps physique, de même la vision astrale n'y perçoit que le corps
astral, et ainsi de suite. Disons toutefois que les meilleurs
voyants *non entraînés* ne voient généralement pas l'aura,
mais seulement la forme centrale, et que la plupart en
voient beaucoup moins encore. Seul un voyant bien
exercé et disposant des visions astrale et mentale complètes
et, a *fortiori*, de la vision éthérique, peut à son gré et par
un effort approprié de sa seule volonté, voir et étudier
séparément (mais non simultanément) les diverses parties
de l'œuf aurique.

(N. D. T.)

vant représentés par des individus, il s'en suit que
les deux classes se fondent l'une dans l'autre par
une gradation insensible.

4° *Le magicien noir ou ses disciples.* — Cette
classe est similaire de la première, avec cette différence essentielle que son évolution a été dans le
sens du mal, et non du bien, et que les pouvoirs
acquis sont employés dans un but égoïste et non
humanitaire. Dans ses rangs inférieurs figurent
les sorciers nègres qui pratiquent les rites de
l'Obeah ou du Voudou, et les guérisseurs des tribus sauvages; plus intelligents, d'autant plus blâmables, sont les magiciens noirs du Thibet appe-
lés souvent Dûgpas (1) par les Européens, quoique
ce nom n'appartienne vraiment, comme l'a expliqué le chirurgien-major Waddell dans son livre
Le Bouddhisme du Thibet, qu'à la subdivision Bho-
tanaise de la grande secte Kargyu, laquelle fait partie de l'église bouddhiste demi-réformée du Thibet.
Les Dûgpas pratiquent la magie Tântrika sans
aucun doute, mais la véritable secte non réfor-
mée des bonnets rouges est celle des Ninmâpa;
bien plus basse encore est celle des Bon-pa, fidèles
aux dieux indigènes, qui n'ont jamais accepté
aucune forme du bouddhisme. Il ne faudrait pas
cependant supposer que hors des Gelûgpa (2)

1. C'est-à-dire *Bonnets Rouges.* (N. D. T.)
2. C'est-à-dire *Bonnets Jaunes.* (N. D. T.)

toutes les sectes thibétaines soient absolument
condamnables : il serait plus juste de dire que dans
les autres sectes, moins sévèrement réformées, un
plus grand relâchement des règles, de la vie et
des pratiques doit produire un plus grand nombre
de natures égoïstes

2° *Les morts.*

Disons tout de suite que ce mot même de *morts*
n'est pas du tout à sa place ici, puisque la plupart
des entités qu'il va servir à désigner sont tout aussi
vivantes que nous, souvent même beaucoup plus.
Il faut donc l'entendre simplement comme s'appli-
quant à ceux qui sont momentanément dépourvus
d'un corps physique. Nous en compterons neuf
espèces principales :

1° *Le Nirmânakâya.* — Celui-ci est mentionné
seulement pour rendre l'énumération complète,
car il est, naturellement, bien rare qu'un être si
élevé se manifeste sur un plan si bas. Si pour
quelque raison, dans le cours de son sublime
ministère, il se trouvait avoir besoin de s'y montrer, il est bien probable qu'il se formerait un
corps astral temporaire comme nous avons vu que
le ferait un adepte revêtu du corps mental, et ceci
parce que son enveloppe serait trop subtile pour
être aperçue de la simple vision astrale. Afin d'être

en état de fonctionner instantanément sur tous les plans, il conserve en lui quelques atomes de chacun, noyau autour duquel il peut amasser rapidement la matière du véhicule désiré. On trouvera de plus grands éclaircissements sur l'état et le ministère du Nirmânakâya dans la *Voix du Silence* de Mme Blavatsky et dans mon petit livre sur *Les Aides Invisibles.*

2° *Le Disciple qui attend sa réincarnation.* — On a vu souvent dans la littérature Théosophique que le disciple arrivé à un certain point peut, avec l'aide de son maître, échapper à la loi commune qui fait passer tout être humain par le monde céleste après sa mort, à un moment donné, pour y jouir des résultats spirituels de ses aspirations supérieures pendant la vie physique. Comme le disciple dans cette hypothèse serait un homme d'une grande pureté de vie et d'une grande noblesse de pensée, il est probable que ces résultats spirituels auraient une amplitude énorme et que s'il « prenait son Devachan » (c'est l'expression usitée), il devrait y séjourner fort longtemps. Mais si, au contraire, il choisit la Voie du Renoncement (commençant ainsi selon ses faibles moyens à suivre les traces du grand maître du renoncement, le seigneur Bouddha lui-même), il se trouve libre de donner un autre emploi à cette réserve de forces spirituelles — au profit de l'humanité tout entière

— et ainsi, quelque infinitésimale que soit son offrande, de prendre part à la grande œuvre des Nirmânakâyas. Par ce choix il sacrifie sans doute des siècles de félicité intense, mais il a l'énorme avantage de pouvoir continuer sans interruption sa vie de dévouement et de progrès.

Quand un disciple meurt après avoir choisi cette voie, il quitte simplement son corps comme il l'avait déjà fait souvent et il attend sur le plan astral qu'une réincarnation favorable puisse lui être ménagée par son Maître, ce qui ne peut se faire sans la permission d'une très haute autorité, car c'est une exception marquée à la loi ordinaire. Et la force de cette loi est si grande que, même muni de cette permission, le disciple doit prendre bien garde de quitter le niveau astral pendant cette attente, car s'il touchait, ne fût-ce qu'un moment, le plan mental, il pourrait être entraîné par l'irrésistible courant de l'évolution normale.

Dans des cas très rares on lui épargne la peine d'une nouvelle naissance en le plaçant directement dans un corps adulte dont le propriétaire n'a plus besoin. Mais un corps approprié ne se trouve naturellement pas souvent disponible. Plus fréquemment il lui faut attendre sur le plan astral, comme nous l'avons dit, l'occasion d'une naissance favorable, mais ce n'est pas du temps perdu, car le disciple reste ce qu'il était et peut conti-

3.

nuer la tâche prescrite par son Maître d'une
manière qui est même plus prompte et efficace
que quand il se trouvait entravé par la fatigue de
son corps physique. Il jouit de sa pleine conscience et peut parcourir à volonté et une égale
facilité toutes les divisions du plan. Ce disciple
en attente de réincarnation n'est pas chose très
commune sur le plan astral, mais enfin il peut
y être rencontré occasionnellement et il constitue
une classe qui deviendra de plus en plus nombreuse à mesure qu'une proportion plus forte de
l'humanité entrera dans le Sentier de Sainteté.

3° *Les morts ordinaires.* — Inutile de dire que
cette classe est des millions de fois plus nombreuse que les précédentes et qu'elle présente
la plus extrême variété de types et de conditions.
La durée de la vie astrale de ces morts varie également entre les limites les plus étendues, car si
quelques-uns la comptent par jours, ou même par
heures, d'autres demeurent sur ce plan des années
et des siècles.

Un homme qui a mené une vie pure, dont les
sentiments ont été surtout altruistes et les aspirations principalement spirituelles, n'a rien qui l'attire sérieusement à ce plan : laissé à lui-même,
il n'y trouverait à peu près rien pour l'y retenir
ou même pour l'éveiller à l'activité pendant le
séjour relativement court qu'il doit y faire. Car

il faut bien retenir qu'après la mort l'homme réel se retire en lui-même et de même qu'après avoir quitté son corps physique il abandonne bientôt son double éthérique, il devrait aussi rejeter aussitôt que possible son corps astral ou corps de désir et passer dans le monde céleste, car c'est là seulement que ses aspirations spirituelles peuvent porter leurs fruits.

Un homme dont le cœur est noble et pur peut arriver à ce résultat, car il a vaincu ses passions pendant la vie terrestre, il a dirigé l'effort de sa volonté vers un but élevé, il n'a donc que très peu de désirs inférieurs à épuiser sur le plan astral. Son séjour y sera court et sa conscience probablement très vague, jusqu'au moment où il tombera dans un profond sommeil pendant lequel ses principes supérieurs se libèreront définitivement de l'enveloppe astrale pour entrer dans la joie du monde céleste.

Tel est l'état idéal et désirable, mais ce n'est pas celui de tous, ni même de la majorité. Il s'en faut de beaucoup que le commun des mortels se soit affranchi de tout désir terrestre avant sa mort ; et il lui faut passer un temps fort long dans un état plus ou moins conscient sur les diverses divisions du plan astral pour laisser les forces qu'il a engendrées s'épuiser et arriver ainsi à délivrer son ego supérieur.

Chacun est obligé de traverser les sept sous-
plans du monde astral pour parvenir au monde
céleste, mais il ne faut pas en conclure qu'il sera
conscient sur toutes ces divisions. De même que le
corps physique se compose de tous les états de
matière physique (solide, liquide, gazeux, éthérique), de même le véhicule astral doit renfermer
des particules de la matière de chaque sous-plan
astral. Les proportions seules varient considérablement selon les personnes.

Maintenant, il ne faut pas oublier qu'en même
temps que la matière de son corps astral l'homme
a attiré dans celui-ci l'essence élémentale correspondante, qui pendant sa vie se trouve ainsi séparée de la masse générale de nature similaire et
devient pour le même temps ce qu'on peut appeler une espèce d'élémental artificiel. Celui-ci
acquiert une existence propre, pendant laquelle
il poursuit le cours de son évolution particulière
dans le sens de la descente dans la matière sans
s'inquiéter (du reste sans avoir connaissance) de
la convenance, ni des intérêts de l'Ego auquel il
se trouve attaché. Voilà la cause de cette lutte
entre la chair et l'esprit dont les écrivains religieux parlent si souvent. Mais quoique ce soit là
« la loi des membres en guerre contre la loi de
l'Esprit », quoique l'évolution de l'homme puisse
s'en trouver sérieusement retardée s'il ne sait pas

rester le maître, il ne faut pas appeler cela le Mal, c'est encore la Loi, encore une émanation du Pouvoir divin poursuivant son cours régulier, mais en descendant vers la matière, au lieu de s'en éloigner, de remonter comme nous faisons.

Quand l'homme quitte en mourant le plan physique, les forces désintégrantes de la Nature commencent à agir sur son corps astral, et cet élémental se voit menacé de perdre son existence séparée. Il cherche à la défendre en maintenant le plus longtemps possible l'intégrité du corps astral ; le moyen qu'il emploie consiste à en modifier l'arrangement de façon à disposer la matière en couches concentriques, dont l'extérieure appartient au sous-plan le plus bas, est par conséquent la plus épaisse, la plus grossière et la plus résistante à la destruction. Mais l'homme ne peut quitter le septième sous-plan qu'après avoir dégagé le plus possible de son moi réel de la matière de ce sous-plan ; ensuite sa conscience se fixe sur la couche suivante, formée de la matière du sixième sous-plan, ou, pour parler autrement, il passe sur le sous-plan suivant. En d'autres termes, lorsque le corps astral a épuisé l'attrait que lui inspire une division, presque toute la matière de cette division se détache de lui et il se trouve en rapport avec une vie un peu plus élevée. Sa gravité spécifique, si l'on peut s'exprimer ainsi, dimi-

nuo sans cesse, et il s'élève régulièrement des stra-
tes les plus denses aux plus subtiles, séjournant
seulement là où il se trouve en parfait équilibre.
Voilà évidemment ce que veulent dire les morts qui
apparaissent dans les séances de spiritisme, quand
ils déclarent qu'ils sont sur le point de passer
dans une sphère supérieure d'où il leur sera
impossible ou du moins plus difficile de communiquer au moyen d'un médium. Et c'est un fait
positif qu'arrivé au sous-plan le plus élevé, un
mort se trouverait à peu près dans l'impossibilité
d'agir sur un médium ordinaire.

Nous voyons donc que l'homme sera retenu à
chaque niveau du plan astral un temps proportionné à la quantité de matière correspondante
renfermée dans son corps astral et que celle-ci
dépend à son tour de la vie qu'il a menée, et des
désirs auxquels il s'est abandonné, puisque c'est
ainsi qu'il a attiré et fixé dans ledit corps astral
telle ou telle classe de matière. Il est donc possible, par une vie pure et des pensées élevées, de
réduire au minimum les quantités de matière
appartenant aux niveaux inférieurs et d'amener
chacune d'elles au point critique où le premier
effort des forces désintégrantes suffira à détruire
sa cohésion et à la ramener à son état primitif,
laissant l'homme libre de passer aussitôt au sous-
plan immédiatement supérieur.

Une personne tout à fait spirituelle pourrait ainsi traverser presque instantanément et inconsciemment le plan astral tout entier, pour ne recouvrer la conscience de son entourage que dans le plan supérieur, le monde céleste. Ne pas oublier que les sous-plans n'occupent pas des régions séparées de l'espace, mais qu'ils s'interpénètrent, de sorte que passer d'une division à une autre ne veut pas dire qu'il faille pour cela se mouvoir dans l'espace, mais seulement déplacer le centre de sa conscience d'une couche à l'autre, les prendre successivement pour instruments de perception et de conscience.

Seuls les hommes dont les désirs ont été grossiers et brutaux, les ivrognes, les luxurieux, etc. se trouvent conscients sur le sous-plan le plus bas du monde astral. Ils y séjournent un temps proportionné à l'intensité de leurs désirs, souvent cruellement torturés par l'impossibilité de les satisfaire, sauf exceptionnellement quand ils parviennent à s'emparer par obsession d'un vivant ayant les mêmes goûts qu'eux.

Un homme de moralité moyenne n'aurait probablement guère à rester sur ce septième sous-plan; mais si des préoccupations purement terrestres avaient été l'unique objet de ses pensées et de ses désirs, on le trouverait sur le sixième sous-plan, hantant les lieux et les personnes qu'il

avait fréquentés sur la terre. Le cinquième et le
quatrième sous-plan sont de même nature, sauf
qu'en les traversant l'on attache de moins en
moins d'importance aux choses de ce bas monde
et que l'on tend de plus en plus à façonner son
entourage en conformité avec les plus persistantes
de ses pensées.

En arrivant au troisième sous-plan nous voyons
cette tendance remplacer entièrement la vision
des réalités du plan : car ses habitants vivent dans
des villes imaginaires qui ne sont pas exclusivement, comme dans le monde céleste, la création
de leur propre pensée, mais un héritage de leurs
prédécesseurs auquel ils ajoutent sans cesse de
leur crû. C'est là que se trouvent ces églises, ces
écoles, ces « demeures du pays de l'été » si souvent décrites dans les séances de spiritisme. Un
observateur « vivant » moins prévenu ne les trouverait généralement pas aussi réelles, aussi magni-
fiques qu'elles le paraissent aux sens charmés de
leurs créateurs.

Le deuxième sous-plan semble être surtout le
séjour des dévots bornés et égoïstes : ils s'y trouvent à la joie de leur cœur et célèbrent le culte
de leur divinité particulière sous sa forme la plus
matérielle.

La subdivision supérieure paraît spécialement
réservée à ceux qui ont passé leur vie dans des

occupations intellectuelles, mais matérialistes,
dans le but, non pas d'en faire profiter leurs con-
temporains, mais de satisfaire leur ambition personnelle ou par simple gymnastique mentale. De
telles gens peuvent rester à ce niveau de longues
années parfaitement contents de poursuivre la solu-
tion de leurs problèmes intellectuels, mais inutiles
à tous et n'avançant guère vers le monde céleste.

Rappelons encore qu'aucune idée de localisa-
tion ne doit être associée à ces sous-plans. Un
défunt fonctionnant sur l'un quelconque d'entre
eux pourrait se transporter aisément d'ici en
Australie, ou partout où l'entraînerait un désir
passager. Mais il ne pourrait transférer sa conscience au sous-plan suivant avant que le processus de libération précédemment décrit soit par-
venu à son terme. A cette règle il n'est pas, que
nous sachions, d'exceptions, quoique les actions
conscientes accomplies sur un sous-plan puissent
jusqu'à un certain point abréger ou prolonger le
séjour qu'on y fait.

Le degré même de la conscience sur un sous-
plan donné obéit à une règle un peu plus compliquée. Prenons un exemple extrême pour la faire
comprendre. Supposons un homme qui avait
apporté d'une incarnation antérieure des tendances ayant nécessité pour leur manifestation une
large proportion de matière du sous-plan le plus

bas, mais qui a eu la chance d'apprendre de bonne heure à résister à ces tendances. Il n'est guère probable que ses efforts dans ce sens aient un succès complet ; mais même dans ce cas la substitution, qui en résulterait, des particules plus fines aux particules grossières dans son corps astral ne pourrait se faire que lentement, et il pourrait conséquemment arriver que l'homme mourût avant d'avoir, à beaucoup près, parachevé cette substitution. Il pourrait ainsi lui rester bien assez de matière grossière dans la composition de son corps astral pour l'obliger à séjourner quelque temps sur le septième sous-plan. Mais comme dans cette incarnation il n'aurait pas eu l'habitude de fonctionner consciemment à l'aide de cette matière, et que cette habitude ne se prendrait pas tout d'un coup, il en résulterait que l'homme passerait bien sur le septième sous-plan le temps nécessaire à la désintégration de la dite matière, mais sans s'en apercevoir. C'est-à-dire qu'il resterait endormi pendant cette période et n'en sentirait aucune des misères.

Disons en passant que, sur le plan astral, l'étendue des communications est déterminée comme ici par les connaissances des habitants. Tandis qu'un disciple revêtu du corps mental peut communiquer ses pensées plus aisément et plus rapidement que sur la terre, au moyen d'impressions mentales, aux

entités humaines habitant le monde astral, celles-
ci n'ont pas habituellement cette faculté et paraissent soumises à des restrictions similaires aux
nôtres, ou peu s'en faut. Il en résulte qu'on les
voit se réunir comme ici en groupes liés par la com-
munion des idées, des croyances et du langage.

L'idée poétique de la mort ramenant tout à l'éga-
lité est une absurdité pure, fille de l'ignorance,
car dans la grande majorité des cas, la perte du
corps physique ne fait aucune ombre de différence
dans le caractère et l'intelligence de la personne.
L'on trouve par conséquent tout autant de variété
dans la mentalité de ceux que nous appelons
les morts que dans celle des vivants.

L'enseignement courant des religions occidentales sur le sort réservé à l'humanité après la
mort est si prodigieusement éloigné de la vérité,
que même des hommes intelligents se trouvent
bien déroutés en s'éveillant dans le monde astral
après leur mort. Le nouveau venu se voit dans des
conditions si différentes de celles auxquelles il
s'attendait qu'il n'est pas rare de le voir se refu-
ser à croire à sa propre mort. Ainsi notre foi
tant vantée en l'immortalité de l'âme est si peu
solide que le fait d'être resté conscient est tenu
par la plupart pour une preuve absolue qu'ils ne
sont pas morts !

L'horrible doctrine des châtiments éternels est

cause aussi de bien des terreurs, aussi peu fon-
dées que pitoyables, chez les nouveaux venus dans
la vie supérieure : ils traversent souvent de longues périodes de souffrances mentales aiguës
avant de parvenir à se soustraire, à l'influence
de cet odieux blasphème et de s'apercevoir que le
monde n'est pas gouverné par le caprice d'un
démon avide d'angoisses humaines, mais selon la
loi bienfaisante et patiente de l'évolution. Beaucoup des gens dont nous parlons n'arrivent jamais
à comprendre ce fait de l'évolution, mais vont au
hasard et sans but dans le monde astral, comme
ils faisaient dans leur précédente vie physique.
Aussi bien après la mort qu'avant, combien peu
se rendent compte de leur vraie position et savent
en tirer le meilleur parti et combien nombreux
ceux qui restent dans l'ignorance ! Là comme
ici, ces derniers ne sont guère disposés à profiter
des conseils, ni des exemples des sages.

Quel que soit le niveau intellectuel du défunt,
l'intelligence qu'il possède en corps astral est une
quantité qui varie souvent en plus ou en moins,
mais qui est en somme décroissante, car si le
mental inférieur, attiré en haut par la nature spirituelle et en bas par les forces du désir, oscille
entre les deux attractions, il tend, de plus en
plus vers la première, à mesure que les désirs
inférieurs vont s'affaiblissant.

Ici se place une des critiques que l'on peut faire aux séances spirites. Évidemment un homme ignorant ou dégradé peut apprendre beaucoup après sa mort au contact d'assistants sérieux dirigés par une personne compétente et peut ainsi être aidé et relevé. Mais dans l'homme ordinaire, la conscience remonte régulièrement de la partie inférieure de sa nature vers la supérieure ; il ne peut donc être favorable à son évolution de le tirer de cet état bienfaisant d'indifférence auquel il tend naturellement, pour le rappeler au contact de la terre en communiquant avec lui au moyen d'un médium. On comprendra mieux le danger de ce rappel, si on se souvient que l'homme, en se retirant de plus en plus en lui-même, devient de moins en moins capable d'influencer et de gouverner sa partie inférieure qui, cependant, jusqu'à séparation complète, reste susceptible d'engendrer du karma et, laissée à elle-même, a bien plus de chance d'en semer de mauvais que de bon.

Il y a encore une autre influence qui s'exerce bien plus souvent au détriment des défunts partis pour le monde céleste : c'est le chagrin intense et sans mesure des survivants. Nos idées occidentales sur la mort, si fausses, je dirai même si irréligieuses, ont ce triste résultat — parmi tant d'autres — de nuire sérieusement à ceux que nous

pleurons par la force même de nos regrets, sans
parler de l'inutilité de la douleur à laquelle nous
nous livrons lors de cette temporaire séparation.

Tandis que notre frère disparu tombe paisible-
ment et naturellement dans le sommeil inconscient qui précède le réveil dans les splendeurs du
monde céleste, trop souvent il se voit tiré de ses
rêves heureux et rappelé au souvenir de la vie terrestre par la violence du chagrin et les regrets
passionnés de ses proches, qui font vibrer son corps
de désirs et lui causent un malaise extrême. Il serait
bien à désirer pour ceux qui sont partis, que ces
faits indubitables apprissent à ceux qui restent
à dominer, dans l'intérêt même de leurs chers dis-
parus, ces excès d'un chagrin bien naturel, mais
pourtant égoïste en son essence. Non que l'enseignement occulte conseille l'oubli des morts —
bien loin de là. Mais il montre que le souvenir
affectueux d'un vivant pour un ami défunt est une
force qui, convenablement dirigée, sous forme de
souhaits bien sentis en vue de ses progrès vers le
monde céleste et de son passage paisible à travers
l'état astral intermédiaire, peut être véritablement
utile. Tandis que, dissipée en vains regrets et
désirs de se revoir, elle peut être non seulement
inutile, mais nuisible. La religion hindoue et
l'église catholique le savent bien quand elles pres-

crivent, l'une les cérémonies des *shrâddha* et l'autre les prières pour les morts.

Cependant le désir de communiquer peut venir
de celui qui est parti, et un mort souhaiter particulièrement de dire quelque chose à ceux qu'il a
quittés. Le message peut même parfois être impor-
tant, par exemple avoir trait à la découverte d'un
testament perdu : le plus souvent il nous paraît
bien futile. Mais quel qu'il soit, s'il est fortement
ancré dans l'esprit du défunt, il vaut mieux qu'il
parvienne à le communiquer, car le désir intense
qui le tourmente pourrait retenir indéfiniment sa
conscience vers le monde terrestre et l'empêcher
de passer dans des sphères supérieures. En
pareil cas, un psychique capable de le comprendre, un médium écrivain ou parlant, peuvent lui
rendre un grand service.

Mais, dira-t-on, pourquoi ne peut-il écrire ou
parler sans médium ? C'est qu'un état de matière
ne peut ordinairement agir que sur l'état immédiatement au-dessous. Le défunt n'ayant rien de
plus dense en lui que la matière qui compose son
corps astral n'arrive pas à faire vibrer l'air qui est
une substance physique, ni à manœuvrer un
crayon matériel sans emprunter la matière vivante
intermédiaire du double éthérique, à travers
laquelle une impulsion partie du monde astral peut
facilement se transmettre au plan physique. Il ne

peut être question d'emprunter cette matière éthérique à une personne quelconque dont tous les
principes sont trop étroitement liés pour être
séparés par les moyens à sa portée. Mais l'essence
même du médium est d'avoir des principes aisément séparables, il peut donc fournir sans difficulté la matière indispensable à la manifestation.

Quand le défunt ne trouve pas de médium ou
quand il ne sait pas s'en servir, il essaie à sa
façon d'entrer en communication et la force de
sa volonté met à l'aveuglette les forces élémentales en mouvement. Il en résulte des phénomènes
d'apparence incohérente : pierres jetées, sonnettes tirées, etc. Un psychique ou un médium, en-
se rendant dans une maison où se passent de tels
phénomènes, pourront découvrir le but poursuivi
par l'entité qui les produit et, en lui donnant
satisfaction, mettre fin aux troubles. Pas toujours
cependant, car ces forces élémentales sont parfois
mises en mouvement par des causes tout à fait
différentes.

4. *Les Ombres.* — Quand la séparation des principes est complète, la vie astrale prend fin et on
passe, comme il a été dit, dans le monde mental,
Mais de même qu'en mourant on laisse derrière
soi le corps physique, de même, en quittant le
plan astral, on abandonne le corps astral en voie
de désintégration. Si pendant la vie terrestre on

a renoncé à tous les désirs matériels et dirigé ses
aspirations vers l'altruisme et la spiritualité, l'Ego
supérieur se trouve à même de résorber la somme
totale du mental inférieur projeté par lui en incarnation. Dans ce cas le corps abandonné sur le
plan astral n'est qu'un cadavre comme le corps
physique après la mort et il ne rentre pas dans
cette classe-ci, mais dans la suivante.

Chez un homme ayant mené une vie physique
un peu moins parfaite le résultat peut être à fort
peu près le même, si ce qui reste de désirs inférieurs a pu sans obstacle s'épuiser sur le plan
astral. Mais la majorité des gens ne font que de
bien faibles et vagues efforts pour se délivrer des
tendances inférieures de leur nature, et se prépa-
rent ainsi non seulement un séjour prolongé dans
le monde intermédiaire, mais encore ce qu'on peut
décrire comme la perte d'une portion du mental
inférieur. Bien que ce soit une façon bien matérielle de représenter le reflet du mental supérieur
dans l'inférieur, on pourra se faire une idée assez
juste du procédé en adoptant l'hypothèse que le
principe mânasique envoie une partie de lui-même
dans la vie physique à chaque incarnation, comp-
tant pouvoir la reprendre à la fin de chaque vie,
enrichie par des expériences variées. Malheureusement l'homme ordinaire se laisse tellement asser-
vir par toutes sortes de vilains désirs, qu'une cer-

4

taine portion du mental inférieur devient étroitement unie au corps de désir et que, quand arrive
la séparation à la fin de la vie astrale, le principe
doit en quelque sorte se déchirer, en laissant sa
portion dégradée mêlée au corps astral en décomposition.

Ce corps se compose alors de particules de
matière astrale qui retiennent comme en prison
la portion du mental inférieur qui n'a pas su se
dégager. La matière astrale propre à chaque sous-
plan se trouve, dans le corps astral en décomposition, dans la proportion où le mental s'est laissé
envahir par les passions basses. Il est évident que
le mental, en traversant les sous-plans successifs,
n'ayant pu se délivrer complètement de la matière
propre à chacun, la dépouille astrale renfermera
des reliquats de toutes les espèces grossières qui
auront réussi à rester agrégées.

Telle est l'origine de la classe d'entités qu'on
appelle les ombres. Je ferai observer qu'une
ombre n'est pas du tout l'individu lui-même puisque
celui-ci est passé dans le monde céleste ; mais
elle en conserve la forme extérieure, la mémoire
et les petites originalités, de sorte qu'elle peut
aisément être confondue avec lui, ainsi qu'il arrive souvent aux séances spirites. Cette ombre ne
s'imagine point tromper personne, puisque, dans
son intelligence limitée, elle se croit de bonne foi

l'individu, mais qu'on se représente l'horreur et le dégoût des amis du défunt, s'ils savaient qu'on leur fait prendre pour le cher disparu un agrégat dépourvu d'âme et composé de ses plus mauvaises qualités.

La durée de l'existence de l'ombre varie selon la quantité de mental inférieur qui l'anime ; mais comme celle-ci ne cesse de diminuer, son intelligence baisse toujours à mesure, quoiqu'elle puisse posséder à un assez haut degré une sorte de ruse instinctive : même à la fin de sa carrière, l'ombre est encore en état de communiquer au moyen de l'emprunt temporaire de l'intelligence du médium. L'essence même de sa nature est de céder à toutes les mauvaises influences et, étant séparée de l'Ego supérieur, elle n'a plus en soi d'éléments susceptibles de répondre aux bonnes. Elle se prête donc aisément aux menues opérations des magiciens noirs de catégorie inférieure. Tout ce qu'elle possède de matière mentale finit par se désintégrer et retourner à son propre plan, mais non à un mental individuel — et l'ombre pâlit insensiblement et tombe à la classe suivante.

5° *Les coques.* — Celles-ci ne sont plus que le cadavre astral à ses dernières phases de décomposition abandonné par les dernières particules mentales. Dépourvues de toute espèce de conscience et d'intelligence, elles flottent passivement sur les

courants astrals, comme des nuages entraînés par
le vent qui passe. Pourtant elles peuvent encore
être galvanisées au contact de l'aura d'un médium
et devenir pour quelques instants une odieuse
mascarade de la vie. Elles ressemblent encore
exactement au mort, peuvent même jusqu'à un
certain point reproduire ses expressions favorites
ou son écriture. Mais ce n'est qu'un acte automatique des cellules qui la composent et qui tendent,
une fois excitées, à répéter leurs mouvements
accoutumés ; et ce que ce genre de manifestations
comporte d'intelligence ne vient point de l'homme
défunt, mais est emprunté au médium ou à ses
« guides ».

Bien plus souvent une coque se trouve momentanément vitalisée d'une manière tout autre qui
sera décrite à propos de la catégorie suivante.
Elle conserve la faculté de répondre aveuglément
aux vibrations — généralement grossières — qui
lui étaient familières pendant sa période d'existence comme ombre. Il en résulte que les personnes chez lesquelles les mauvais désirs et les passions sont prédominants ont beaucoup de chances
de les sentir intensifiés par une sorte de réver-
bération produite par les coques inconscientes,
quand elles assistent aux séances spirites, surtout
à celles d'ordre inférieur.

Il y a une autre variété de cadavre dont il faut

parler ici, quoiqu'elle appartienne à une phase
bien antérieure de la carrière posthume du défunt. On sait qu'après la mort du corps physique le double éthérique est bientôt abandonné
par le corps astral remanié, et qu'il est voué
à une désagrégation lente, tout comme la coque
astrale à la période postérieure où nous sommes
parvenus. Cette coque éthérique, toutefois, n'erre
pas çà et là comme la variété qui vient d'être
décrite, mais elle demeure à quelques mètres du
corps physique en voie de décomposition. Facilement perceptible aux moindres sensitifs, elle est
l'origine des histoires courantes de revenants
dans les cimetières. Un psychique traversant une
de nos grandes nécropoles aperçoit des centaines de ces formes vagues d'un blanc bleuté flottant sur les tombes où reposent les corps physiques
dont elles viennent d'être séparées. Et comme
elles se trouvent, comme leur contre-partie physique, à divers degrés de décomposition, le spec-
tacle n'a rien de plaisant.

Comme la coque astrale, la coque éthérique est
entièrement dénuée de conscience et d'intelligence et elle ne peut être ramenée à un semblant
— toujours affreux — de vie que par les rites répugnants d'une des pires espèces de magie noire
dont il vaut mieux ne pas parler.

On voit donc qu'à chaque étape de sa route de

4.

la terre au ciel, l'homme rejette et abandonne à une lente décomposition trois cadavres : son corps physique, son double éthérique, son véhicule astral, qui se résolvent graduellement dans leurs éléments, réutilisés ensuite sur chaque plan par l'admirable chimie de la nature.

6° *Les coques vitalisées.* — Ces entités ne devraient pas, à strictement parler, être classées parmi les « humains », puisque seul leur vêtement extérieur, passif, insensible, appartint jadis à l'humanité ; tandis que ce qu'elles peuvent montrer de vie, d'intelligence et de désir appartient à l'élémental artificiel qui les anime et que celui-ci n'est pas humain, quoique, hélas ! créé par la malice humaine. Nous en reparlerons plus à fond à leur vraie place parmi les entités artificielles ; leur origine et leur nature seront alors plus faciles à comprendre. Disons seulement que ce sont toujours des êtres malfaisants, vrais démons tentateurs dont l'influence n'a d'autres limites que celles de leur pouvoir. Comme les ombres, elles servent fréquemment aux horribles desseins des magiciens du Voudou et de l'Obeah. Quelques écrivains les ont nommées « élémentaires », mais ce terme a été appliqué à diverses époques à presque toutes les variétés d'entités posthumes ; il est donc devenu si vague qu'il vaut mieux l'éviter.

7° *Les suicidés et les victimes d'une mort subite.*

— On comprendra facilement qu'une personne brusquement arrachée à la vie en pleine force et en pleine santé, par accident ou par suicide, se trouve sur le plan astral dans des conditions toutes différentes de celui qui meurt de maladie ou de vieillesse. En ce dernier cas, l'empire des désirs terrestres est sûrement plus ou moins affaibli et les particules les plus grossières ont chance d'avoir été éliminées, de sorte que l'homme peut se trouver de suite dans la sixième ou la cinquième subdivision ou même plus haut. Les principes ont été préparés peu à peu à se séparer et la secousse n'est plus si violente. Mais dans le cas d'une mort accidentelle ou d'un suicide, il n'y a pas ou de préparation et l'extraction des principes supérieurs hors de leur enveloppe physique a été justement comparée à l'arrachement du noyau d'un fruit vert: beaucoup de matière astrale grossière adhère encore à la personnalité qui se trouve ainsi retenue dans la septième subdivision astrale, la plus basse du plan. On sait que c'est un séjour qui est loin d'être agréable. Cependant tous ceux qui sont obligés d'y séjourner pour un temps n'y éprouvent pas les mêmes sensations. Les victimes d'une mort subite dont la vie a été pure et noble, n'ont aucune affinité pour ce plan et y passent leur temps, d'après une ancienne lettre sur ce sujet, « soit dans un heureux état d'inconscience et d'oubli, soit dans un paisible sommeil, hanté d'heureux rêves. »

Au contraire, après une vie terrestre brutale, égoïste et sensuelle, elles se trouvent, tout comme les suicidés, pleinement conscientes dans cette fâcheuse région et susceptibles de devenir de terribles et dangereuses entités. Brûlant de toutes sortes d'horribles désirs qu'ils ne peuvent plus satisfaire directement, privés qu'ils sont d'un corps physique, ils cherchent à assouvir leurs révoltantes passions par l'intermédiaire d'un médium ou d'un sensitif qu'ils obsèdent. Et ils éprouvent une joie infernale à se servir des artifices que leur fournit le plan astral pour illusionner les vivants et les pousser aux excès qu'ils paient eux-mêmes si cher.

La même lettre dit encore : « Ce sont les Pisâchas, les incubes et les succubes des écrivains du moyen âge, les démons de l'ivrognerie, de la gourmandise, de la luxure et de l'avarice, puissamment rusés, cruels et mauvais, excitant leurs victimes à commettre d'affreux crimes et exultant de les voir commettre. » Ils fournissent avec la précédente classe les tentateurs, les diables des livres pieux, mais ils échouent complètement contre un esprit pur et droit, ils ne peuvent rien contre un homme, s'il ne s'adonne déjà aux vices où ils cherchent à l'entraîner.

Un psychique peut voir des foules de ces malheureux rassemblés autour des boucheries, des cabarets, ou autres lieux plus honteux encore, où ils trouvent l'atmosphère grossière qu'ils recherchent et rencontrent des vivants de même acabit qu'eux-mêmes. C'est un grand malheur pour un de ces défunts de rencontrer un médium approprié; non seulement il prolonge ainsi énormément cette affreuse vie astrale, mais comme il retrouve la possibilité de créer, peut-être indéfiniment, du mauvais karma, il se prépare une réincarnation de l'espèce la plus vile, courant de plus le risque de perdre une large portion de son pouvoir mental. S'il a la chance de *ne pas* rencontrer de sensitif capable de lui servir d'intermédiaire, ses désirs, faute de satisfaction, s'apaiseront peu à peu et les souffrances qui en résultent épuiseront probablement beaucoup du mauvais karma de sa vie passée.

La situation du suicidé se complique en outre du fait que son action violente a considérablement diminué le pouvoir que possède l'Ego supérieur de résorber sa portion inférieure et l'expose ainsi à d'autres dangers aussi graves que variés. Il ne faut pas oublier pourtant que la culpabilité d'un suicidé varie beaucoup selon les circonstances, de l'acte réfléchi et moralement inattaquable d'un Sénèque ou d'un Socrate à celui

du misérable qui se donne la mort pour écha pper
aux conséquences de ses crimes. La situation
après la mort varie en conséquence.

Il faut remarquer que cette catégorie ainsi que
celle des ombres et des coques vitalisées forment
ce qu'on pourrait appeler les *vampires mineurs*,
puisque tous cherchent à prolonger leur existence
en soutirant la vitalité d'êtres humains soumis à leur
influence. Voilà pourquoi le médium et les assistants sont souvent si épuisés à la fin d'une séance
spirite. On enseigne aux étudiants de l'occultisme
à se défendre contre de telles attaques, autrement
il est difficile à qui se risque sur leur chemin
d'éviter de leur payer plus ou moins son tribut.

8. *Les vampires et les loups-garous.* — Il reste
encore à décrire deux espèces d'entités présentant, avec des différences considérables et multi-
ples, des caractères communs d'horreur fantasti-
que et d'extrême rareté, les derniers n'étant autre
chose que des épaves de races primitives, hideux
anachronismes, terrifiants débris d'un temps où
l'homme et son ambiance étaient tout autres qu'à
présent.

Hommes de la cinquième grande race, nous
devrions être, par notre degré d'évolution, complètement à l'abri de pareils dangers, et par le fait
ce genre d'entités n'est plus guère considéré que
comme une fable du moyen âge. Pourtant il y

en a encore parfois de nos jours des exemples,
surtout dans les pays où il y a beaucoup de sang
de la quatrième race, comme la Russie et la Hon-
grie. Les légendes populaires sont évidemment
exagérées, mais il reste un fond impressionnant de
réalité dans les étranges récits que répètent les
paysans de l'Europe centrale. Les traits généraux
en sont assez connus pour qu'ils suffise d'y faire
allusion. On en trouvera un exemple typique,
quoique de pure imagination, dans Carmilla de
Sheridan Le Fanu, et une remarquable description d'un vampire d'espèce rare dans *Isis Unvei-
led*, vol. I, p. 454.

Les lecteurs des livres théosophiques savent
qu'il est possible de vivre d'une manière si complètement dégradée et égoïste, si criminelle et brutale, que le mental inférieur tout entier se trouve
emprisonné par les désirs et séparé absolument
de sa source spirituelle, l'Égo supérieur. Il semble même que quelques étudiants considèrent cet
accident comme fréquent et pensent que nous
sommes exposés à rencontrer des quantités de ces
« hommes sans âmes » dans notre vie de tous les
jours. Ceci n'est heureusement pas exact. Pour
atteindre une si effroyable excellence dans le mal
qu'il en soit exposé à perdre entièrement sa personnalité, un homme devrait étouffer jusqu'à la
moindre lueur d'altruisme et de spiritualité et

n'avoir plus l'ombre d'une bonne qualité : si on
réfléchit que dans les pires criminels on trouve
toujours quelque partie qui n'est pas entièrement
gâtée, on verra que les personnalités abandonnées
par leur Ego supérieur doivent être une bien
infime minorité. Cependant, si peu qu'il y en
ait, elles existent et c'est parmi elles que se
trouve la catégorie encore plus rare des vampires.

L'entité perdue se trouverait peu de temps
après la mort incapable de rester dans le monde
astral et tomberait fatalement et en pleine conscience dans la mystérieuse huitième sphère, son
légitime séjour, pour s'y désintégrer lentement
au milieu de sensations qu'il vaut mieux ne pas
décrire. Mais si elle meurt de mort violente ou
par suicide, elle peut, surtout si elle a des connaissances de magie noire, échapper parfois à cet
horrible sort par un autre qui ne lui cède guère
en horreur : la vie dans la mort, qui est l'effroyable existence du vampire. Comme la huitième
sphère n'a de droit sur le défunt considéré
qu'après la dissolution de son corps physique, il
le maintient dans un état cataleptique par l'horrible expédient de la transfusion de sang emprunté
à des êtres humains par son corps astral partiel-
lement matérialisé et il retarde ainsi l'accomplissement de sa destinée à force de meurtres. Le
meilleur remède en pareil cas, comme les «supers-

titions » populaires l'enseignent, est d'exhumer le corps et de le brûler pour supprimer le point d'appui de l'horrible créature. Quand on ouvre la tombe, on trouve généralement le corps bien conservé et souvent le cercueil plein de sang. Cette espèce de vampire n'existe naturellement pas dans les pays où l'incinération est en usage.

Les loups-garous, également horribles, résultent d'une autre sorte de karma, et auraient peut-être été plus à leur place dans la première division des habitants humains du plan astral, car c'est toujours pendant sa vie que l'homme commence à se manifester sous cette forme. Cela exige une certaine connaissance des arts magiques, au moins ce qu'il en faut pour projeter le corps astral.

Quand un homme absolument cruel et brutal opère cette projection, il peut arriver que certaines entités du monde astral se saisissent de son corps astral et le matérialisent sous la forme de quelque animal sauvage, généralement le loup ; ainsi transformé, il parcourt la contrée tuant bêtes et gens pour satisfaire sa propre soif de sang et celle des démons qui le poussent. Dans ce cas, comme il arrive si souvent dans les matérialisations spirites, une blessure infligée à l'animal se retrouvera sur le corps humain du sujet selon la loi étrange de la répercussion ; mais après la mort du corps physique, l'astral, qui continue sou-

vent à apparaître sous la même forme, devient
moins vulnérable, et aussi moins dangereux, car
à moins de trouver un médium approprié, il ne
peut plus se matérialiser complètement. De telles
manifestations empruntent probablement beaucoup de la matière du double éthérique et sans
doute aussi une partie des éléments constituants
du corps physique, comme cela arrive pour certaines matérialisations. Dans un cas comme dans
l'autre, le corps fluidique du loup-garou paraît
avoir la faculté de s'éloigner du corps physique,
bien davantage que cela n'est possible, dans
les autres cas connus, à un véhicule qui ren-
ferme, pour le moins, une certaine quantité de
matière éthérique.

C'est une mode à notre époque, de se moquer
de ce qu'on nomme les sottes superstitions de
paysans ignares ; mais l'occultiste découvre, dans
ces traditions comme sous bien d'autres, sous les
dehors de l'absurdité, des traces de vérités naturel-
les oubliées et il apprend ainsi à ne les rejeter —
ou les admettre — qu'avec circonspection.

Ceux qui désirent explorer les régions astrales
n'ont guère à redouter la rencontre de ces déplaisantes entités, puisqu'elles sont devenues,
comme on l'a dit, extrêmement rares et le deviendront de plus en plus. Du reste leur apparition ne
peut habituellement se produire que dans les en-

virons de leur corps physique, comme la matérialité de leur nature le fait assez supposer.

9⁰ *Les magiciens noirs et leurs disciples.* — Ceux-
ci correspondent exactement, à l'autre bout de
l'échelle, à notre seconde catégorie d'entités défuntes : les disciples qui attendent leur réincarnation.
Mais ici, au lieu d'obtenir la faveur d'employer
une méthode plus rapide de progrès, il s'agit de
violer les lois de l'évolution pour se maintenir
dans le monde astral au moyen des arts magiques
— et des pires.

L'on pourrait subdiviser les membres de cette
classe selon leurs méthodes et la durée possible
de leurs existences sur ce plan ; mais ce ne sont
pas des sujets bien attrayants et l'occultiste n'a
guère besoin que de savoir comment les éviter ;
nous passerons donc à un autre chapitre. Disons
pourtant en passant que toute entité humaine qui
cherche à prolonger son existence au delà des
limites normales ne peut y parvenir qu'aux dé-
pens des autres et en absorbant leur vie sous une
forme ou une autre.

II. — NON HUMAINS.

Quoiqu'il soit suffisamment évident, même à un
observateur superficiel, que les choses de la nature

terrestre n'ont pas été exclusivement ordonnées
en vue de notre agrément, ni même de notre avantage final, il était inévitable que l'humanité dans
son enfance se crût le centre du monde et s'ima-
ginât que tout existe pour son usage et à son profit. Il serait temps vraiment de perdre ces illusions
enfantines et de comprendre notre vraie place
et les devoirs qu'elle comporte. Mais mille choses dans notre vie courante montrent que la plupart d'entre nous n'en sont pas là, notamment les
pratiques cruelles à l'égard des animaux, dont se
font un jeu bien des gens qui se croient des plus
civilisés. Le moindre débutant dans la science de
l'occultisme sait que toute vie est sacrée et qu'il
n'y a pas de progrès possible sans une compassion
universelle, mais c'est seulement en avançant plus
loin dans ses études qu'il découvre combien l'évolution est complexe et quelle modeste place occupe,
comparativement, l'humanité dans l'économie de
la nature.

Il s'aperçoit que, de même que la terre, l'air et
l'eau nourrissent des myriades de formes de vie
invisibles à l'œil nu, mais révélées par le microscope, de même les plans supérieurs en rapport
avec notre terre sont habités par une population
des plus denses dont nous n'avons habituellement
pas conscience. A mesure qu'il progresse, il devient
de plus en plus certain que, d'une façon ou d'une

autre, tous les moyens pouvant aider à l'évolution sont utilisés au suprême degré et que, lorsque nous croyons voir dans la nature des forces perdues ou des occasions inemployées, ce n'est pas le plan de l'univers qui est en défaut, mais notre compréhension de ses méthodes et de ses intentions.

Il n'est pas nécessaire, pour notre description actuelle des habitants non humains du plan astral de parler de ces formes tout à fait primitives de la vie universelle qui évoluent, d'une manière que nous ne pouvons guère concevoir, en s'enfermant successivement dans les atomes, les molécules et les cellules. Même si nous commençons par le plus bas des règnes élémentals, nous aurons à comprendre dans ce groupe un très grand nombre d'habitants du plan astral qui ne pourront être qu'à peine effleurés, car leur description un peu détaillée gonflerait ce petit volume jusqu'aux dimensions d'une encyclopédie.

Pour classer commodément les entités autres qu'humaines, on les divisera en quatre classes, avec cette réserve que les classes ne représenteront pas des subdivisions comparativement peu nombreuses, mais de grands règnes de la nature, au moins aussi considérables et complexes que, par exemple, le règne animal ou le règne végétal. Quelques-unes de ces classes sont bien inférieures

à l'humanité, d'autres égales, d'autres nous sur-
passent de beaucoup en perfection et en puissance.
Il y en a qui font partie de la même évolution que
nous, c'est-à-dire qui ont été ou deviendront des
hommes comme nous ; d'autres se développent
selon un plan entièrement distinct.

Avant de les étudier, nous dirons, afin d'éviter
qu'on nous reproche d'être incomplet, que dans
cette partie du sujet deux points seront laissés
dans l'ombre. Il ne sera pas question des rares
apparitions de très grands adeptes appartenant à
d'autres planètes, ni de visiteurs plus augustes
encore venus de bien plus loin : de tels sujets ne
seraient pas à leur place dans un essai destiné au
public. De plus, il n'est guère probable, quoique
théoriquement ce ne soit pas impossible, que des
êtres si sublimes aient jamais à se manifester sur un
plan aussi inférieur que l'astral. S'ils venaient à
en avoir le désir, ils revêtiraient un corps temporaire emprunté à la matière du plan comme le font
les Nirmânakâyas.

De plus, tout à fait en dehors de nos quatre classes et sans aucun rapport avec elles, deux autres
grandes évolutions coexistent avec l'humanité sur
notre planète : mais il est défendu de donner
aucun renseignement à leur sujet quant à présent,
car il n'est pas dans le plan général que l'homme
en ait connaissance, ni qu'elles aient connaissance

de lui. Si jamais nous venions à les rencontrer, ce serait plutôt sur le plan physique, car elles n'ont que de bien faibles rapports avec le plan astral, où leur présence ne peut être due qu'à un accident rare dans certaine opération de magie cérémonielle que, très heureusement, un petit nombre des plus grands sorciers·sont seuls à savoir pratiquer. Cependant cet accident, si improbable qu'il soit, est arrivé au moins une fois et peut se renouveler, de sorte que, sans la défense ci-dessus mentionnée, nous aurions dû les ajouter à notre liste.

1° *L'essence élémentale appartenant à notre évolution.* — De même que le mot « élémentaire » a été employé indistinctement par divers écrivains pour décrire tous les états possibles de l'homme après sa mort, de même le terme élémental a été appliqué à diverses époques à n'importe quelle sorte d' « esprits » non humains, depuis les plus divins des Dévas jusqu'à l'essence sans forme répandue dans les règnes inférieurs au minéral, en passant par toutes les variétés d'esprits de la Nature. De sorte qu'après avoir lu plusieurs livres on ne sait plus que penser parmi tant de renseignements contradictoires. Qu'il soit bien convenu que le nom d'*essence élémentale* s'appliquera dans ce traité à l'*essence monadique* durant certaines étapes de son évolution, l'essence monadique pouvant à son tour être définie comme une émanation de la force divine, de l'esprit divin, projeté dans la matière.

On sait déjà que cette émanation, avant d'arriver au degré d'individualisation où elle anime l'homme, a déjà traversé et animé six phases inférieures de l'évolution ; les règnes animal, végétal, minéral et les trois règnes élémentals. Pendant ses manifestations dans plusieurs de ces règnes, on l'a appelée parfois la monade animale, végétale ou minérale, mais cela peut induire en erreur puisque, bien longtemps avant d'arriver à ces règnes, ce n'est plus *une*, mais *plusieurs* monades. Le terme a été adopté, cependant, pour faire comprendre que, malgré les différenciations survenues dans l'essence monadique, elle n'avait pas encore atteint l'individualité. Quand cette essence monadique agit dans les trois grands règnes élémentals qui précèdent le règne minéral, on l'appelle essence élémentale. Mais, avant de parler de sa nature et de son genre d'activité, il faut rappeler comment l'esprit se revêt de la matière lorsqu'il y descend.

Posons en principe que, pour l'esprit, descendre d'un plan quelconque (disons le plan n° 1) au plan immédiatement inférieur (disons le plan n° 2) c'est s'envelopper de matière appartenant à ce dernier plan, c'est-à-dire s'enrouler dans un voile de matière du plan n° 2. De même

s'il continue à descendre sur le plan n° 3, il doit
encore revêtir la matière du plan n° 3 et son vêtement extérieur est fait alors de matière n° 3.
La force agissante, — l'âme, en somme, de cet
atome — n'est plus tout à fait au même état que
sur le plan n° 1, puisqu'en outre de la force
divine, il y a le voile de matière n° 2. En arrivant
sur le plan n° 4, l'atome est encore plus complexe,
car il revêt un corps de matière n° 4 habité par
un esprit déjà voilé deux fois — de la matière des
plans 2 et 3. On comprendra que ce processus
se renouvelant à chaque sous-plan du système
solaire, quand la force originelle arrive à notre
plan physique, elle est si complètement envelop-
pée qu'il n'est guère étonnant qu'on n'y sache
souvent pas reconnaître l'esprit.

Supposons que l'essence monadique ait conti-
nué à se voiler ainsi jusqu'au niveau atomique du
plan mental et qu'au lieu de traverser les diverses subdivisions de ce plan, elle tombe directement
dans le plan astral, attirant autour d'elle un corps
de matière astrale atomique, on aura l'essence
élémentale du plan astral, qui appartient au troisième des grands règnes élémentals, celui qui
précède immédiatement le règne minéral. Au
cours de ses 2401 différenciations sur le plan astral,
elle attire des combinaisons nombreuses et variées de ses subdivisions ; mais elles ne sont que

temporaires et il n'y a toujours qu'un règne dont le caractère particulier est d'être composé d'essence monadique descendue (involuée) seulement jusqu'au niveau atomique du plan mental, et se manifestant ensuite au moyen de la matière atomique du plan astral.

Les deux règnes élémentals supérieurs existent et fonctionnent respectivement sur les niveaux supérieurs et inférieurs du plan mental ; nous n'avons donc pas à nous en occuper ici. Le règne astral est une vaste réserve d'essence élémentale, étonnamment sensible à la plus fugitive des pensées humaines, vibrant à l'unisson du moindre désir humain — même inconscient — dans l'espace d'une fraction infinitésimale de seconde, avec la plus exquise justesse. Mais dès l'instant que sous l'influence d'une pensée ou d'un désir, une portion limitée de l'essence élémentale se trouve prendre la forme d'une force vivante, d'une chose qui est un élémental (1), elle cesse par le fait même d'appartenir au groupe que nous étudions pour entrer dans la classe des artificiels. Cette existence séparée est d'ailleurs habituellement des plus fugitives : aussitôt la force impul-

1. On verra plus loin que ce nom a été donné à trop de choses différentes, y compris les esprits de la nature, que des auteurs — non des moindres — ont été jusqu'à confondre avec des manifestations de l'essence élémentale. (N. D. T.)

sive épuisée, l'élémental retourne à la masse non
différenciée de l'espèce d'essence élémentale
qui l'a fournie. Il serait monotone d'énumérer
toutes ces espèces ; leur liste même serait incom-
préhensible, sauf pour celui qui les connaît par
expérience, qui peut les évoquer et les comparer. On peut cependant sans grand'peine se faire
une idée générale de leur classification et y trouver de l'intérêt.

Il y a d'abord la grande division qui a donné
leur nom aux élémentals et qui les distingue par
les éléments physiques dont ils font leur demeure.
On retrouve ici comme partout le caractère septé-
naire de notre évolution, car il y a sept groupes
principaux correspondant aux sept états de la
matière physique : « la terre, l'eau, l'air, le feu »,
ou pour traduire le symbolisme du moyen âge
en style d'une précision plus moderne, les états
solide, liquide, gazeux et les quatre états éthériques.

Il est depuis longtemps de mode de parler avec
une pitié dédaigneuse de l'ignorance des alchi-
mistes du moyen âge, parce qu'ils nommaient
« éléments » des substances que la chimie moderne sait être composées. Mais c'est une grande
injustice ; car ils en savaient plus long que nous en
réalité sur ce point. Qu'ils aient — ou qu'ils n'aient
pas — dressé la liste des 50 ou 60 corps que nous

appelons maintenant éléments, une chose est sûre,
c'est que jamais ils ne leur ont donné ce nom, car
leurs études occultes leur avaient appris qu'il n'y
a qu'*un* élément dont toutes les formes de la matière ne sont que des modifications, vérité que,
parmi les grands chimistes de nos jours, quelques-
uns commencent seulement à soupçonner.

La vérité est que l'analyse de ces ancêtres dédai-
gnés allait plus loin que la nôtre. Ils connaissaient
l'éther et savaient l'observer, tandis que, pour
la science moderne, ce ne peut être qu'un simple
postulatum nécessaire à l'ensemble de ses théo-
ries ; ils avaient reconnu qu'il est fait de matière
physique où se distinguent nettement quatre subdivisions ou états de matière plus subtiles que
l'état gazeux, fait qui n'a pas encore été redé-
couvert. Ils savaient que tous les objets physiques
se composent de l'un ou l'autre des sept états
de matière et que tous les sept entrent en des
proportions diverses dans la composition de tous
les corps organiques. De là leurs humeurs aqueu-
ses ou ignées et leurs « éléments » qui nous semblent si ridicules. Il est évident qu'ils employaient
ce dernier terme uniquement comme équivalent
de « parties constituantes » sans aucune intention
de lui donner le sens de « substance irréductible ».
Ils savaient encore que chacun de ces ordres de
matière fournit une base de manifestation à une

grande classe d'essence monadique en cours d'évolution et ils appelèrent cette essence « élémental ».

Il faut donc essayer de se rendre compte que
dans toute particule de matière solide réside,
tant qu'elle reste dans cet état, un élémental terreux (pour nous servir de la phraséologie pitto-
resque du moyen âge), c'est-à-dire une certaine
quantité de l'essence élémentale vivante appropriée; de même que des élémentals spécifiques
sont inhérents à toute particule liquide, gazeuse
ou éthérique.

Ces sept classes d'essence élémentale astrale,
ou d'élémentals, diffèrent entre elles par leur
degré de matérialité, et il est aisé de concevoir
que considérée à ce point de vue, chacune se sub-
divise à son tour en sept sous-classes, puisqu'il y
a différents degrés de densité parmi les solides,
les liquides, le gaz et aussi les éthers.

On y constate en outre une division d'un tout
autre genre et ceci est plus malaisé à faire entendre, surtout à cause de la grande réserve observée
par les occultistes par rapport à quelques-uns des
faits que viserait une explication détaillée. Ce
que l'on pourrait dire de plus clair, c'est que dans
chaque classe et sous-classe du premier genre on
trouve sept types distincts d'élémentals différen-
ciés, non plus par le degré de matérialité, mais

par leur nature, ce qu'on pourrait appeler leur caractère et leurs affinités. Chacun de ces types réagit sur les autres à un tel point que, sans qu'ils puissent faire échange de leur essence, on trouve dans chaque type sept sous-types différemment colorés par l'influence à laquelle ils obéissent le plus facilement. On voit ainsi que cette division est d'un caractère tout autre, bien plus fondamentale et permanente que la première. Car, tandis qu'en vertu des lois de son évolution, tout le règne élémental doit passer lentement par toutes les classes et sous-classes l'une après l'autre, les types et sous-types demeurent à jamais immuables.

Il ne faut pas perdre de vue que l'évolution de l'essence élémentale est actuellement sur ce qu'on appelle quelquefois la branche descendante de l'arc évolutionnel, c'est-à-dire marche *vers* la matérialisation complète que nous observons dans le monde minéral, au lieu de *s'en éloigner* comme presque toutes les évolutions qui tombent plus ou moins sous nos sens. Ainsi pour le règne élémental, le progrès, c'est la descente dans la matière, au lieu de l'ascension vers les plans supérieurs; et cela lui donne à nos yeux une singulière apparence d'anomalie tant qu'on n'a pas bien compris son but. Il ne faut pas perdre ce fait de vue sous peine de se heurter souvent à de grandes difficultés.

Malgré ces nombreuses subdivisions toutes les variétés de cette étonnante et vivante essence ont certaines propriétés communes, mais tellement différentes de tout ce que nous voyons sur le plan physique, qu'il est bien difficile de les expliquer à qui n'a pas la faculté de les voir en action. Supposons d'abord que quelque portion de cette essence se trouve momentanément à l'abri de toute influence extérieure, ce qui est d'ailleurs presque impossible : elle ne possède alors aucune forme particulière, et se manifeste par un mouvement rapide et perpétuel. Mais la moindre perturbation, telle que celle provenant d'une pensée passagère, la transforme instantanément en une effarante confusion de formes continuellement mobiles et changeantes, qui paraissent, s'agitent et disparaissent comme les bulles à la surface de l'eau qui bout. Quoique ces apparitions fugitives ressemblent d'ordinaire à des créatures vivantes, humaines ou autres, elles ne constituent pas plus des entités séparées que les vagues également changeantes et variées qui s'élèvent en quelques instants sur un lac paisible au passage d'une rafale. Elles paraissent être de simples réactions des vastes réserves de la lumière astrale, mais on y trouve généralement quelque rapport avec la pensée qui les a évoquées, presque toujours avec quelque déformation grotesque, quelque chose de déplaisant ou de terrifiant dans leur aspect.

On se demande naturellement quel est le genre d'intelligence qui décide de la forme ou de sa déformation. Comme il ne s'agit pas ici du persistant et puissant élémental créé par une pensée forte et définie, mais du résultat produit par ce courant de vagues idées à demi inconscientes et involontaires qui traverse sans but le cerveau de la majorité des hommes, il semble bien que l'intelligence ne vient pas du penseur distrait. Et on ne peut pas non plus l'attribuer à l'essence élémentale, plus éloignée encore que le minéral de l'individualisation et de l'éveil des qualités mentales. Cependant elle possède une adaptabilité merveilleuse qui semble s'en rapprocher et qui a fait appeler les élémentals « les créatures semi-intelligentes de la lumière astrale » dans un de nos premiers livres. On verra de nouvelles preuves de cette faculté dans la classe des artificiels. Quand on lit qu'un élémental est bon ou mauvais, c'est qu'il s'agit ou d'une entité artificielle ou d'une des nombreuses variétés d'esprits de la nature, car les règnes élémentals ne comportent pas par eux-mêmes des conceptions comme l'idée du bien et du mal.

Cependant presque toutes leurs subdivisions ont une tendance plutôt hostile à l'égard de l'homme. Tous les néophytes le savent, car leur première impression du monde astral, c'est la présence de hordes immenses de spectres protéens qui accourent d'un air menaçant, mais se retirent ou s'évanouissent si on leur tient tête. C'est à cette tendance hostile qu'il faut attribuer les déformations grimaçantes mentionnées plus haut, et les écrivains du moyen âge nous apprennent que l'homme en est lui-même la cause. Au temps de l'âge d'or qui précéda notre sordide époque, les élémentals étaient plus gracieux parce que les hommes étaient moins égoïstes et plus spirituels. Maintenant ils sont hostiles en conséquence de notre indifférence, de notre défaut de sympathie envers les autres êtres vivants.

A voir avec quelle délicate exactitude l'essence élémentale répond à la moindre sollicitation de nos pensées et de nos désirs, on comprend que ce règne dans son ensemble est à peu près ce que le fait la pensée collective de l'humanité. Quiconque voudra réfléchir un moment au peu d'élévation de cette pensée collective ne s'étonnera guère de ces résultats et de voir cette essence, sans perception consciente, qui reçoit et reflète indistinctement tout ce qu'on lui envoie, montrer souvent un caractère peu accueillant : nous récoltons simplement ce que nous avons semé. Il n'est pas douteux que, quand l'humanité dans son ensemble aura, dans des races ou des rondes à venir,

atteint un niveau supérieur, les règnes élémentals, influencés par le courant continuel de la
pensée humaine améliorée, ne deviennent, d'hostiles qu'ils sont, dociles et serviables comme on
nous le prédit pour le règne animal. Quel qu'ait
été le passé, il est évident que nous pouvons
espérer un *âge d'or* très passable dans l'avenir,
si nous devons voir un temps où la majorité des
hommes sera devenue généreuse, altruiste, et par
là même assurée de la coopération bienveillante
des forces de la nature.

Puisque nous avons le pouvoir d'influencer si
fortement les règnes élémentals nous sommes
responsables de la manière dont nous en usons.
C'est qu'en effet, quand on considère leurs conditions d'existence, il est clair que le résultat produit sur eux par les pensées et les désirs de tous
les êtres intelligents habitant la même planète
doit avoir été prévu dans le plan général comme
un facteur de leur évolution.

Malgré les avertissements concordants de toutes les grandes religions, la masse de l'humanité
ne se préoccupe nullement des responsabilités
qu'elle encourt dans le monde des pensées ; un
homme qui peut se dire innocent en paroles et
en actions croit avoir rempli tous ses devoirs. Il
ne se doute pas qu'il a pu pendant des années
exercer une influence déprimante et dégradante

sur l'esprit de ceux qui l'entourent et peupler l'ambiance des créations déplaisantes d'une âme basse. La question nous apparaîtra sous un aspect plus sérieux encore à propos des élémentals artificiels. Mais pour l'essence, il reste établi que nous avons le pouvoir d'en accélérer ou d'en retarder l'évolution selon l'usage que nous en faisons, consciemment ou inconsciemment.

Les limites de ce petit traité ne permettent même pas d'essayer d'expliquer l'emploi qu'un homme instruit à les manier peut faire des forces inhérentes aux variétés d'essence élémentale. La plus grande partie des cérémonies magiques dépendent presque uniquement de leur manipulation, soit par application directe de la volonté du magicien, soit par l'intermédiaire de quelque entité astrale évoquée par lui.

C'est au moyen de cette essence que sont produits presque tous les phénomènes physiques des séances spirites, et aussi les bruits, coups de sonnettes, et pierres lancées dans les maisons hantées. Ce sont les résultats d'efforts maladroits de quelque défunt, encore trop attaché à la terre, pour attirer l'attention, ou simple gaminerie de petits esprits de la nature de notre troisième classe. L' « élémental » n'agit pas de lui-même, il n'est qu'une force latente qui a besoin d'un pouvoir extérieur pour se mettre en mouvement.

Il convient de remarquer que bien que toutes les classes de l'essence aient la faculté de refléter les images de la lumière astrale comme il a été dit plus haut, certaines variétés reçoivent un genre d'impressions plus facilement que les au·tres, et semblent avoir des formes favorites qu'el·les revêtent à chaque occasion, si elles ne sont pas absolument forcées d'en prendre d'autres, et qui sont un peu moins fugitives qu'à l'ordinaire.

Avant de quitter cette partie du sujet, il faut mettre le lecteur en garde contre toute confusion entre l'essence élémentale que nous venons d'étudier et l'essence monadique en manifestation dans le règne minéral. L'essence monadique dans sa marche vers l'humanité se manifeste d'abord dans le règne élémental et seulement plus tard dans le règne minéral. Et le fait que deux blocs distincts d'essence monadique à ces deux différents degrés d'évolution sont en manifestation au même moment, que l'une de ces manifestations, un élémental terreux, occupera le même espace que l'autre manifestation, en fera même sa demeure comme dans un rocher par exemple, ne saurait être un obstacle à l'évolution de l'un ou de l'autre de ces deux blocs, de même qu'il n'implique aucun rapport entre eux. Le rocher se trouve en outre imprégné de la variété qui lui est propre du principe de vie omniprésent, totalement distinct, lui aussi, des deux essences susdites.

2° *Les corps astrals des animaux.* — Classe extrêmement nombreuse, qui n'occupe pourtant pas
une position importante sur le plan astral, parce
que ses membres n'y font guère qu'un court séjour. Les animaux, en grande majorité, n'ont pas
encore acquis l'individualité permanente et quand
l'un d'eux vient à mourir, l'essence monadique qui
l'animait retourne à son milieu originel, rappor-
tant avec elle ce qu'elle a pu acquérir d'expérience nouvelle pendant la vie de l'animal. Cela
n'est pourtant pas possible immédiatement, car le
corps astral de l'animal est remanié comme celui
de l'homme et conserve sur le plan astral une vie
très réelle dont la durée, jamais très longue, varie
selon l'intelligence du sujet. Généralement cette
vie semble une sorte de rêve plutôt inconscient,
mais très heureux.

Quant aux très rares animaux domestiques qui
ont déjà atteint l'individualité et qui ne peuvent
plus, par conséquent, revenir sous forme animale
en ce monde, leur vie astrale est bien plus longue
et plus active que celle de leurs confrères moins
avancés ; ils tombent à la fin, peu à peu, dans un
état subjectif qui doit durer fort longtemps. Les
singes anthropoïdes dont il est question dans la
Doctrine Secrète (I. 172) forment une intéressante
subdivision de cette classe. Ils sont déjà individua-

lisés et prêts à se réincarner dans l'humanité dans
la prochaine ronde, peut-être même avant pour
quelques-uns d'entre eux.

3° *Les esprits de la nature de toutes espèces.* —
Cette classe comprend des subdivisions si nombreuses et si variées que, pour les décrire convenablement, il faudrait tout un traité. Il suffira d'in-
diquer ici quelques-uns des caractères qui leur
sont communs.

Tout d'abord il importe de se rendre compte
que nous allons avoir à faire à des entités qui diffèrent radicalement de toutes celles que nous
avons considérées jusqu'ici. Quoiqu'il soit légitime de classer l'essence élémentale et le corps
astral des animaux comme non-humains, cependant l'essence monadique qui les anime doit avec
le temps atteindre le degré où elle pourra se
manifester dans une humanité comparable à la
nôtre. Et si nous étions capables de revoir le chemin parcouru par notre propre évolution dans
des cycles mondiaux passés, à travers des âges
sans nombre, nous verrions ce qui est maintenant
l'humanité s'élevant peu à peu en des étapes similaires.

Il n'en est pas de même dans le vaste règne des
esprits de la nature : ils n'ont jamais fait, et ne
feront jamais partie d'une humanité comme la
nôtre ; ils évoluent sur un plan entièrement diffé-

rent et leur seul contact avec nous consiste en ce
que nous occupons momentanément la même planète. Naturellement, puisque ce sont nos voisins
temporaires, nous devons entretenir avec eux des
relations de bon voisinage, mais leur développement et le nôtre suivent des chemins trop diver-
gents pour que nous puissions faire grand'chose
les uns pour les autres.

Plusieurs écrivains ont classé ces esprits parmi
les élémentals, et ils sont en réalité les élémentals, ou peut-être plus exactement les animaux,
d'une évolution supérieure. Beaucoup plus développés que notre essence élémentale, ils ont avec
elle quelques caractères communs : par exemple la division en sept grandes classes habitant
respectivement les sept états de matière physique indiqués plus haut comme imprégnés des
variétés correspondantes de l'essence. Ainsi, pour
ne citer que les plus aisés à concevoir, il y a des
esprits de la terre, de l'eau, de l'air et du feu (ou
éther), tous entités astrales bien définies, intelli-
gentes, qui résident et agissent dans chacun de
ces milieux.

On peut se demander comment une créature
quelconque peut habiter la substance solide d'un
rocher, ou la croûte terrestre. C'est que les esprits
de la nature étant formés de substance astrale,
la matière du rocher ne peut être un obstacle, ni à

leurs mouvements, ni à leur vision, et de plus, c'est justement dans la matière physique à l'état solide qu'ils sont dans leur élément, qu'ils se sentent *chez eux*. De même pour ceux qui vivent dans l'eau, l'air ou les divers éthers.

Dans la littérature du moyen âge les esprits de la terre sont des gnomes, les esprits aériens des sylphes et les esprits de l'éther (ou du feu) des salamandres. Le langage populaire leur donne des noms variés — fées, pixies, brownies, péris djinns, trolls, satyres, faunes, kobolds, imps, gobelins, bonnes gens, etc., etc. — Les uns désignant une seule variété, les autres la classe entière. Ils ont des formes nombreuses et variées, mais se montrent le plus souvent sous la forme humaine plus ou moins rapetissée. Comme tous les habitants du monde astral, ils peuvent prendre à leur gré toutes les apparences, mais ils ont sans aucun doute des formes qui leur sont propres ou que tout au moins ils préfèrent, qu'ils prennent quand ils n'ont pas de raison d'en prendre d'autres. Ils sont d'ordinaire invisibles pour la vue purement physique, mais ils peuvent se faire voir à nous, quand ils le désirent, en se matérialisant.

On trouve parmi eux un très grand nombre de subdivisions ou races, et les individus de ces races diffèrent entre eux d'humeur et d'intelligence

comme les êtres humains. La grande majorité
paraît éviter le contact des hommes, dont les habi-
tudes et les émanations leur répugnent, et qui, par
leurs désirs continuels et mal réglés, mettent en
mouvement des courants astrals qui les troublent
et les ennuient. Cependant il y a de nombreux
exemples d'esprits de la nature ayant lié amitié
avec des êtres humains et leur ayant fourni toute
l'aide qui était en leur pouvoir. Tels sont les brownies des contes écossais bien connus et les fées
allumeuses de feu mentionnées dans la littérature
spirite.

Cette attitude bienveillante est toutefois très rare,
et, en général, quand les esprits se trouvent en contact avec l'homme, ils se montrent plutôt indiffé-
rents ou contrariés et prennent même souvent
un malin plaisir à le tromper et à lui jouer des
tours de gamins. On relève cette tendance carac-
téristique dans maintes histoires qui se racon-
tent parmi les paysans des cantons montagneux
écartés; et quiconque a fréquenté les séances spirites à *effets physiques* se rappellera les sottes plai-
santeries et les farces d'ailleurs sans méchanceté
qui dénoncent la présence de quelque sorte inférieure d'esprits de la nature.

Ils sont grandement aidés en cela par le merveilleux pouvoir qu'ils ont de jeter un charme sur
ceux qui subissent leur influence, de sorte que

leur victime momentanée voit et entend tout ce
qu'ils veulent, exactement comme le sujet magné-
tisé voit, entend, sent et croit tout ce que veut le
magnétiseur. Les esprits de la nature, toutefois,
n'ont pas comme celui-ci le pouvoir de dominer
la volonté humaine, excepté s'il s'agit de caractères
exceptionnellement faibles, ou de volontés paraly-
sées par une terreur folle. Ils ne peuvent que produire des illusions, mais dans cet art ils sont passés maîtres et il ne manque pas d'exemples où ils
ont jeté un charme de ce genre sur un grand
nombre de personnes à la fois. C'est en recourant
à leur aide que les prestidigitateurs hindous ac-
complissent leurs tours les plus remarquables où
tous les assistants deviennent les victimes d'une
hallucination commune et s'imaginent voir et
entendre toute une série de choses qui n'ont
jamais eu lieu.

On pourrait presque regarder les esprits de la
nature comme une espèce d'humanité astrale, si
ce n'est qu'aucun d'eux, même des plus grands,
ne possède une individualité permanente pouvant
se réincarner. C'est donc un point par lequel leur
évolution diffère évidemment de la nôtre, que la
proportion d'intelligence développée avant l'individualisation permanente soit beaucoup plus
grande. Mais nous ne pouvons savoir que bien
peu de chose des étapes qu'ils ont parcourues, ni

de celles qui leur restent à franchir. La durée de
la vie varie beaucoup d'une subdivision à une
autre : tantôt très courte, tantôt plus longue que
la nôtre. Les conditions de leur existence s'éloi-
gnent tellement des nôtres prises en bloc que
nous ne pouvons guère les comprendre ; leur
vie nous apparaît comme étant simple, joyeuse,
insouciante, telle qu'une troupe d'enfants heureux
pourrait la mener dans un milieu physique spécialement favorisé.

Farceurs et malicieux, ils sont rarement méchants à moins d'être provoqués, importunés par
quelque impardonnable fâcheux; mais dans l'ensemble, ils paraissent partager l'universel sentiment de méfiance inspiré par l'homme et prendre
assez mal l'arrivée des néophytes sur le plan astral.
On fait donc généralement leur connaissance sous
un aspect déplaisant ou terrifiant. Si cependant
on ne se laisse pas effrayer par leurs tours, ils
vous acceptent bientôt comme un mal inévitable
et cessent de s'occuper de vous. Quelques-uns
d'entre eux finissent même par devenir aimables
et manifester un certain plaisir à vous rencontrer.

Parmi les nombreuses subdivisions de cette
classe, il y en a de bien moins enfantines et de
plus graves et c'est parmi elles que l'on trouve
les entités vénérées comme divinités des bois,
dieux de village, etc. De telles entités pourraient

parfaitement être sensibles aux hommages et prê-
tes à rendre en retour tous les petits services en
leur pouvoir. (Le dieu de village est aussi souvent
un artificiel, mais ceci se verra en son lieu.)

L'Adepte sait se faire servir par les esprits de
la nature, quand il en a besoin, mais le magicien
ordinaire ne peut obtenir leur aide que par invocation ou évocation, c'est-à-dire en les suppliant
et en faisant avec eux une sorte de marché, ou en
s'efforçant de mettre en jeu des influences qui
les peuvent contraindre. Ces deux méthodes sont
fâcheuses et la seconde même extrêmement dangereuse, en ce que l'opérateur peut éveiller des
ressentiments qui peuvent lui être fatals. Il est
inutile d'ajouter qu'aucun de ceux qui étudient
l'occultisme sous un maître qualifié n'est jamais
autorisé à des tentatives de ce genre.

4° *Les Dévas.* — Le plus haut système d'évolution
en rapport avec notre terre est, pour autant que
nous sachions, celui des êtres que les Hindous
appellent Dévas et qu'on a nommés ailleurs des
anges, des fils de Dieu, etc. On peut les regarder comme le règne immédiatement supérieur au
règne humain, de même que l'humanité est immédiatement au-dessus du règne animal, mais avec
cette importante différence que pour l'animal il
n'y a pas, sauf erreur de notre part, de possibilité
d'évolution hors de l'humanité. Tandis que l'homme

arrivé à un certain niveau voit s'ouvrir devant lui plusieurs voies de progrès, dont l'une est celle de la grande évolution des dévas.

Comparé au renoncement sublime des Nirmâna-kâyas, le choix de cette ligne d'évolution est parfois désigné par cette expression : *céder à la tentation de devenir un dieu* ; mais il ne faut pas en conclure qu'aucune ombre de blâme y soit attachée. Ce n'est pas le plus court chemin, mais c'en est un fort beau et si une intuition alors grandement développée attire un homme de ce côté, c'est que c'est le plus approprié à ses aptitudes. N'oublions jamais que l'ascension des sommets tant spirituels que physiques n'est pas possible pour tout le monde par le sentier le plus raide. Beaucoup ne sauraient arriver que par une pente plus douce, et nous serions d'indignes disciples des grands instructeurs, si nous permettions à notre ignorance la plus légère pensée de dédain à l'égard de ceux dont le choix est différent du nôtre. En dépit de l'assurance que peut nous donner l'ignorance des difficultés à venir, nous ne pouvons pas savoir encore ce que nous serons capables de faire quand, après de nombreuses vies d'effort, nous aurons gagné le droit de choisir notre voie, et par le fait nous verrons bientôt que ceux qui « cèdent à la tentation de devenir des dieux » ont devant eux une glorieuse carrière. Pour éloi-

6.

gner toute cause de malentendu, ajoutons par
parenthèse qu'on donne parfois dans certains
livres, un tout autre sens, et un mauvais, à cette
expression « devenir un dieu ». Mais si on la prend
dans ce sens, la « tentation » ne saurait se produire chez l'homme évolué et en tout cas cela n'a
rien à voir avec le sujet qui nous occupe.

Dans la littérature orientale, le mot déva est
souvent employé d'une façon générale pour signi-
fier n'importe quelle entité non humaine, depuis
les grandes divinités jusqu'aux esprits de la nature
et aux élémentals artificiels. Nous l'appliquerons
seulement aux membres de l'évolution magnifique que nous étudions ici.

Quoique en relation avec notre terre, les dévas
ne sont pas confinés à ses limites ; l'ensemble
de notre chaîne de sept planètes est pour eux ce
qu'est pour nous une seule planète, leur évolution
ayant à parcourir un grand système de sept chaî-
nes. Leurs phalanges se sont recrutées jusqu'à présent surtout parmi d'autres humanités du système
solaire, les unes inférieures, les autres supérieures à la nôtre, dont une bien faible partie seulement a atteint le niveau où il nous est possible
de devenir des leurs. Il paraît certain aussi que
quelques-unes de leurs nombreuses classes, dans
leur marche ascendante, n'ont passé par aucune
humanité comparable à la nôtre.

Nous ne sommes pas en état de comprendre grand'chose à leur évolution, dont le terme semble toutefois bien plus élevé que le nôtre: c'est-à-dire que, tandis que l'objet de l'évolution humaine est d'élever ceux de ses membres qui n'auront pas échoué à un certain degré de développement occulte à la fin de la septième ronde, celui de l'évolution des dévas est d'élever leurs rangs supérieurs à un niveau infiniment plus haut dans la période correspondante. Pour eux, comme pour nous, s'ouvre un chemin plus court, mais plus dur, vers des hauteurs plus sublimes encore, mais en ce qui les concerne, nous ne pouvons guère risquer que des conjectures.

Les rangs les plus inférieurs de cette classe auguste ont seuls à nous occuper dans notre étude du plan astral. Les trois premières grandes divisions en commençant par le bas sont appelées respectivement Kâmadévas, Rûpadévas et Arûpadévas. De même que notre corps habituel, le plus grossier que nous puissions avoir, est le corps physique, le corps habituel d'un Kâmadéva est le corps astral, de sorte qu'il est à peu près dans la position que l'humanité atteindra sur la planète F. Vivant ordinairement dans un corps astral, il lui est possible d'en sortir et d'atteindre les sphères supérieures dans un corps mental, comme nous pourrions le faire en corps astral, et il ne lui est pas même plus difficile (arrivé à un certain développement) de passer en corps causal qu'à nous de nous servir du corps mental.

De même, pour les Rûpadévas, le corps habituel est le corps mental, puisqu'ils habitent les quatre sous-plans rûpas du mental ; et les Arûpadévas appartiennent aux trois sous-plans supérieurs et ne possèdent pas de corps plus matériel que le causal. Mais les Rûpa et Arûpadévas ne se manifestent guère plus souvent sur le plan astral que les entités astrales dans le monde physique. Il suffit donc de les avoir mentionnés.

Ce serait une erreur de croire que tous les membres de la subdivision des Kâmadévas nous soient infiniment supérieurs, puisque quelques-uns proviennent d'une humanité relativement moins avancée que la nôtre. La moyenne est certainement bien plus élevée, car le mal, soit en volonté, soit en action, a depuis longtemps été extirpé chez eux ; mais leurs natures sont très diverses et un homme vraiment noble, altruiste, et spirituellement développé, peut très bien être sur un échelon de l'évolution plus haut que le leur.

On peut attirer leur attention par certaines évocations magiques, mais la seule volonté humaine qui puisse dominer la leur est celle d'une certaine classe très haute d'Adeptes. En prin-

cipe ils semblent s'apercevoir à peine de notre
présence sur le plan physique, mais de temps à
autre il arrive que l'un d'eux, remarquant un
homme dans l'embarras, le prend en pitié et lui
prête assistance, à peu près comme nous le ferions
pour un animal. Mais ils savent parfaitement que
pour le présent leur intervention nous est plus
dangereuse qu'utile. Au-dessus des Arûpadévas
se trouvent quatre autres grandes divisions et, au-
dessus du règne des dévas, les phalanges des
Esprits Planétaires, êtres glorieux, qu'il serait
hors de propos d'envisager dans un essai sur le
plan astral. Toutefois c'est peut-être ici le lieu de
parler des quatre Dévarâjas, quoique ces êtres
aussi merveilleux que considérables, ne rentrent
guère dans nos quatre classes. Le mot déva qui
fait partie de leur nom ne garde pas ici le sens
que nous lui avons donné, car ces quatre *Rois* ne
règnent pas sur le monde des dévas, mais sur les
quatre « éléments », la terre, l'eau, l'air et le feu,
y compris les esprits de la nature et les essences
qui les habitent. Nous ignorons à travers quelle
évolution ils se sont élevés à un si haut degré de
pouvoir et de sagesse, mais nous savons qu'ils
n'ont jamais passé par rien qui corresponde à
notre humanité.

On les appelle souvent les Régents de la terre
ou les Anges des quatre points cardinaux ; dans

les livres hindous, ce sont les quatre Mâhârâjas :
Dhritarâshtra, Virûdhaka, Virûpaksha et Vâishrâ-
vana. Dans les mêmes livres nous trouvons leurs
troupes d'élémentals sous le nom de Ghandar-
vas, Kumbhandas, Nâgas et Yakshas, selon qu'ils
appartiennent à l'est, au sud, à l'ouest ou au nord ;
et leurs couleurs symboliques sont le blanc, le
bleu, le rouge et l'or. *La Doctrine secrète* les décrit
comme des « globes ailés et des roues de feu »,
et dans la Bible le prophète Ezéchiel s'efforce de
les décrire presque dans les mêmes termes. On
trouve des allusions à ces quatre personnages
dans la symbologie de toutes les religions ; et on
les a toujours considérés avec le plus grand res-
pect, comme les protecteurs du genre humain.

Ce sont les agents du Karma durant la vie terrestre de l'homme et ils jouent ainsi un grand
rôle dans notre destinée. Les grandes divinités
karmiques du Kosmos, appelées Lipikas dans *La
Doctrine secrète*, pèsent les actions de chaque personnalité à la fin de sa vie astrale, à la séparation
finale de ses principes, et fournissent en quelque
sorte le modèle d'un double éthérique exactement
approprié pour la naissance (physique) suivante :
mais ce sont les Dévarâjas, maîtres des « éléments » dont se compose ce double, qui en ména-
gent les proportions de façon à remplir ponctuellement les intentions des Lipikas.

Ce sont eux aussi qui surveillent toute la vie
pour contrebalancer les changements que le libre
arbitre de l'homme et de ceux qui l'entourent
introduit continuellement dans son état, afin qu'il
n'y ait point d'injustice et que le karma puisse
être épuisé, soit d'une manière, soit d'une
autre.

On trouvera dans la *Doctrine secrète*, vol. I,
p. 87 et 88, une érudite dissertation sur ces êtres
merveilleux. Ils peuvent prendre à volonté la
forme humaine et on connaît plusieurs cas où ils
l'ont fait.

Tous les esprits de la nature les plus élevés et
des légions d'élémentals artificiels sont les agents
de la tâche prodigieuse qu'ils ont à accomplir,
mais ils en tiennent tous les fils en mains et en
assument l'entière responsabilité. Ils ne se manifestent pas souvent sur le monde astral, mais ils
en sont alors, parmi les non-humains, les plus
remarquables habitants. Un occultiste devinera
aisément que, comme il y a sept classes d'esprits
de la nature et d'élémentals, il doit y avoir sept
et non quatre dévarajas ; mais en dehors du cercle des Initiés on ne sait que bien peu de chose
des trois premiers, et c'est encore plus que ce
qu'on n'a le droit de révéler.

III. — ARTIFICIELS.

Cette classe, la plus nombreuse des entités astrales, est aussi de beaucoup la plus importante pour l'homme : étant exclusivement sa propre création, elle tient à lui par les liens karmiques les plus étroits et son action sur lui est continuelle et directe. C'est une masse énorme d'entités mal venues, semi-intelligentes, aussi variées que les pensées des hommes, et défiant, ou peu s'en faut, toute tentative de classification. La seule division possible est celle qui distingue les élémentals artificiels créés inconsciemment par la majorité des hommes de ceux que les magiciens forment dans un but déterminé. On peut reléguer dans une troisième classe un très petit nombre d'entités artificielles qui ne sont pas du tout des élémentals.

I. — *Élémentals inconsciemment créés.* — On a déjà expliqué que l'essence élémentale qui nous entoure de tous côtés est dans chacune de ses innombrables variétés étrangement sensible à l'influence de la pensée humaine.

On a décrit l'action de l'idée la plus fugitive transformant la masse en une foule mouvante de formes éphémères. Indiquons maintenant ce qui se passe quand l'esprit humain formule la pensée ou le désir d'un objet, ou d'un but bien déterminé.

L'effet produit est très saisissant : la pensée s'empare de cette essence plastique et la modèle instantanément en un être vivant de forme appropriée, un être qui, une fois créé, ne demeure point sous le contrôle de son auteur, mais vit de sa vie propre pendant un temps proportionné à l'intensité de la pensée ou du désir qui l'a appelé à l'existence, en somme tout le temps que la force de la pensée suffit à en maintenir l'assemblage. Les pensées de la plupart des gens sont si vagues et si flottantes que les élémentals qu'elles engendrent ne durent que quelques minutes ou quelques heures. Mais une pensée souvent répétée ou un désir ardent créent un élémental qui peut survivre plusieurs jours.

Comme les pensées d'un homme ordinaire sont surtout tournées vers lui-même, les élémentals qui en proviennent flottent constamment autour de lui, tendant à provoquer la répétition des mêmes idées, qui, au lieu de créer de nouveaux élémentals, viennent fortifier les anciens et prolonger leur existence. Ainsi donc un homme qui se complaît souvent à un même désir, se forme une sorte de compagnon astral qui, sans cesse nourri par de nouvelles pensées, peut le hanter pendant des

7

années, gagnant toujours en force et en influence. On comprend que dans le cas d'un mauvais désir, l'effet sur sa moralité sera tout à fait désastreux.

Plus fécond encore en résultats bons ou mauvais sera ce qu'un homme pense au sujet des autres, car alors les élémentals ne restent pas autour de lui, mais vont flotter autour de la personne qui est l'objet de la pensée. Une pensée amicale, un souhait sincère de prospérité forment et lancent vers elle un élémental bienfaisant. Si le souhait est précis comme par exemple un vœu de guérison, l'élémental sera une force sans cesse agissante pour accélérer le rétablissement et éloigner toute cause de rechute. Il semble montrer alors un degré considérable d'intelligence et de souplesse, quoique ce ne soit en réalité qu'une force qui agit suivant la ligne de moindre résistance, exerçant une poussée constante et toujours vers le même but, profitant de tous les points qu'elle découvre comme l'eau d'une citerne envahit à l'instant le seul tuyau qu'elle trouve ouvert parmi tous ceux qui sont fermés, et continue ensuite à s'écouler.

Si le souhait n'a en vue que la prospérité, le bien de la personne, d'une manière générale, l'essence élémentale, avec sa merveilleuse plasticité, répondra fidèlement aussi à cette idée moins précise, exercera son pouvoir dans la première direction avantageuse qui se présentera. En tous cas la quan-

tité de force et sa durée dépendent entièrement
de la puissance du désir ou de la pensée qui a
créé l'élémental, qui peut d'ailleurs, ne l'oublions
pas, être nourri et fortifié et voir son existence
prolongée par la répétition de bons souhaits ou
de sentiments affectueux envoyés dans le même
sens.

De plus cet être, comme la plupart des autres,
semble poussé par un désir instinctif de prolonger sa propre vie ; il réagit sur son créateur
comme une force tendant constamment à provoquer la répétition du sentiment auquel il doit la
vie. Il influence aussi de la même manière, mais
à un degré moindre, tous ceux avec lesquels il
vient en contact.

Tout ce qu'on vient de dire de l'effet des bons
souhaits et des pensées affectueuses est aussi vrai
des méchants désirs et des pensées de colère. Et
à voir tout ce qui existe dans le monde d'envie,
de haine, de malice et de méchanceté, on peut
s'imaginer si, parmi les élémentals artificiels, il y en
a de terribles. Un homme dont les pensées ou les
désirs sont de nature jalouse, brutale, avare, sensuelle, porte partout avec lui une atmosphère em-
poisonnée peuplée des êtres horribles qu'il s'est
donnés pour compagnons. Il n'est donc pas seulement lui-même dans un triste état, mais il constitue un danger pour tous ceux qui ont le malheur

de l'approcher, par le risque de contagion morale,
par l'influence des horreurs dont il se plaît à
s'entourer.

Un sentiment de haine ou d'envie contre une
personne déterminée lui envoie un mauvais élémental qui erre autour d'elle, guettant le point
faible par où il pourra opérer : et si le sentiment
persiste, la créature, continuellement nourrie et
fortifiée, peut prolonger sa fâcheuse activité pendant une très longue période. Mais l'effet ne peut
se produire sur la personne visée que si elle possède quelque tendance qui puisse être développée,
un point d'appui pour le levier, si l'on peut ainsi
parler. Sur l'aura d'un homme dont l'âme est
pure et la vie vertueuse, de telles influences, ne
trouvant où s'accrocher, rebondissent immédiatement comme sur une cuirasse et dans ce cas, par
l'effet d'une loi curieuse, elles réagissent de toutes leurs forces sur celui qui les a créées. Elles y
trouvent naturellement un champ favorable d'action et ainsi le karma de son mauvais désir s'ac-
complit au moyen de l'entité même qu'il a formée.

Il arrive parfois qu'un élémental de ce genre
se trouve empêché pour une raison quelconque
de décharger sa force sur son objet et sur son
créateur. Dans ce cas, il devient une espèce
de démon errant, aisément attiré par toute personne qui s'abandonne au genre de sentiments

auquel il doit sa naissance. Il cherche alors soit à
lui inspirer de semblables idées pour en tirer un
accroissement de force, soit à déverser sur elle
toute l'influence mauvaise dont il est chargé, s'il
en trouve la possibilité. S'il est suffisamment fort,
il saisit au passage une coque et en fait sa demeure, ce qui lui permet de faire durer plus longtemps ses redoutables réserves. Sous cette forme
il peut se manifester au moyen d'un médium et
sous le déguisement d'un de leurs intimes, prendre parfois de l'influence sur des gens sur qui il
n'aurait pu sans cela avoir aucune prise.

Tout ceci montre bien l'importance qu'il y a à
rester toujours maître de ses pensées. Bien des
hommes bien intentionnés qui remplissent scru-
puleusement leurs devoirs envers leur prochain
en actions et en paroles, croient cependant que
leurs pensées ne regardent qu'eux-mêmes et les
laissent vagabonder dans toutes les directions,
sans savoir qu'ils peuplent le monde d'essaims
entiers de créatures nuisibles.

Si cet homme pouvait se faire une idée de
cette production d'élémentals artificiels par un
effet direct de sa pensée et de son désir, il serait
épouvanté d'une pareille révélation ; d'un autre
côté, beaucoup d'âmes dévouées et reconnaissan-
tes, qui souffrent de ne pouvoir rien faire en retour
des bontés reçues, trouveraient là une source de

soulagements. Car le plus pauvre, comme le plus
riche, peut former des pensées amicales et des
souhaits ardents et il est au pouvoir à peu près
de tout le monde, si on veut s'en donner la peine,
de créer et de maintenir un véritable ange gardien aux côtés du frère, de la sœur, de l'ami, de
l'enfant qu'il aime, quel que puisse être d'ailleurs
son éloignement.

Maintes fois, l'amour et les prières d'une mère
ont ainsi constitué un protecteur à son enfant,
et sauf le cas presque impossible où l'enfant ne
serait sensible à aucune bonne influence, elle lui
a par là donné aide et protection. La vision clair-
voyante aperçoit souvent des protecteurs de ce
genre et il y a même eu des cas où certains d'entre
eux ont eu la force de se matérialiser et de devenir momentanément visibles à l'œil physique.

Un fait curieux qui mérite d'être mentionné ici,
c'est que la mère, même après son entrée dans le
monde céleste, en répandant sa tendresse sur les
enfants qu'elle s'imagine avoir autour d'elle, agit
sur ces mêmes enfants vivant dans le monde physique et nourrit l'élémental protecteur qu'elle
avait formé pendant sa vie terrestre, jusqu'à ce
que ces bien-aimés viennent à leur tour à mourir. Comme le dit Mme Blavatsky, « Son amour
continue à être senti par les enfants encore incar-
nés; il se manifeste dans leurs rêves et souvent

dans les événements sous forme de protection et
de préservation providentielle — car l'amour est
un bouclier puissant et n'est limité ni par l'espace
ni par le temps. » (*Clef de la Théosophie*, p. 150.)

Tous les récits d'intervention d'anges gardiens ne doivent pourtant pas être rapportés à
l'action des élémentals, car dans bien des cas
l'âme d'êtres humains vivants ou récemment
décédés a pu jouer ce rôle « d'ange », parfois
aussi, mais plus rarement, un déva. (Voir *Aides
invisibles*, p. 24.)

Ce pouvoir d'un vœu ardent, surtout s'il est
souvent répété, de former un élémental actif qui
ne cesse d'agir avec force dans la direction de
son accomplissement, est l'explication scientifique
de ce que des gens plus dévots qu'instruits appellent l'exaucement de la prière. Dans certaines
occasions, rares de notre temps, le karma de la
personne qui prie peut être tel qu'il permette à un
adepte ou à son disciple de lui donner une assistance immédiate; et il reste la possibilité plus rare
encore de l'intervention d'un déva ou d'un esprit
de la nature bienveillant. Mais dans tous les cas
le moyen le plus simple et le plus facile de donner cette assistance serait toujours le renforce-
ment et la direction intelligente de l'élémental
formé par le vœu lui-même.

Un exemple curieux et instructif de l'extrême

persistance de ces élémentals artificiels, quand les circonstances sont favorables, a été observé récemment par un de nos investigateurs. Tous ceux qui s'intéressent à ces sortes de choses savent que plusieurs de nos anciennes familles passent pour avoir une sorte d'avertissement funèbre, un signe quelconque qui annonce ordinairement quelques jours à l'avance la mort du chef de la maison. Nous en avons un exemple bien frappant dans l'oiseau blanc des Oxenham qui, depuis le règne d'Élisabeth, est connu pour présager sûrement la fin de quelque membre de la famille; on en a un autre dans la voiture fantômale qui s'arrête à la porte d'un certain château dans le même cas et avec le même effet.

Un phénomène de ce genre se produit dans la famille d'un de nos membres, moins saisissant et plus commun que ceux déjà cités, cela consiste en un air solennel de musique funèbre, que l'on entend dans l'air trois jours avant que la mort n'arrive. Notre collègue ayant entendu deux fois lui-même cette mystérieuse mélopée et ayant reconnu l'exactitude de l'avertissement, sachant de plus que selon la tradition familiale le même fait se reproduisait depuis plusieurs siècles, se mit à rechercher par des méthodes occultes la cause de l'étrange phénomène. Le résultat fut aussi intéressant qu'imprévu. Il se trouva qu'au xiiᵉ siècle le chef de la famille alla à la croisade et qu'il emmena avec lui, pour lui faire gagner ses éperons dans la guerre sainte, le plus jeune de ses fils, sa plus chère espérance. Malheureusement le jeune homme fut tué à la bataille et le père plongé dans le désespoir, non seulement par la perte de son fils, mais plus encore, par l'inquiétude d'avoir vu ses jours tranchés si soudainement et dans toute la force des passions de la jeunesse.

La désolation du pauvre homme fut si grande qu'il abandonna son armure de chevalier pour entrer dans un des grands ordres monastiques, après avoir fait vœu de passer le reste de sa vie en prière, premièrement pour sauver l'âme de son fils, et ensuite pour obtenir qu'aucun de ses descendants ne fût exposé au terrible danger d'une mort subite, ou à ce qu'il croyait tel dans la simplicité et la piété de son âme. Jour et nuit pendant de longues années, il tendit toute l'énergie de son âme vers ce but, fermement convaincu qu'il arriverait d'une façon ou d'une autre au résultat ardemment souhaité.

Un occultiste voit facilement l'effet d'un si long courant de pensée. Notre chevalier-moine créa un élémental artificiel d'une force énorme et merveilleusement adapté à son objet, accumulant en lui des réserves de forces qui le mettaient à même de réaliser ses vœux indéfiniment. Un élémental

7.

est un accumulateur parfait, presque sans déper-
dition d'énergie. Et si l'on tient compte de sa
puissance originelle et de la rareté des occasions
de la dépenser, on ne s'étonnera guère de le voir
encore manifester une vitalité restée intacte, en
avertissant les descendants du croisé de leur fin
prochaine par l'étrange et plaintive musique qui
fut un jour le *requiem* d'un jeune et vaillant
guerrier, il y a sept cents ans, en Palestine.

2° *Elémentals sciemment formés.* — Si de tels
résutats ont été atteints par la force de la pensée
d'hommes qui ne se doutaient pas de ce qu'ils
faisaient, on devine aisément ce qu'un magicien
qui connaît à fond la matière et peut voir l'effet
qu'il produit, doit avoir à sa disposition de pouvoir de ce genre. C'est un fait que les occultistes
des deux écoles, les magiciens blancs ou noirs,
emploient souvent des élémentals artificiels et
que, quand ceux-ci ont été scientifiquement préparés et dirigés habilement, en connaissance de
cause, ils trouvent peu de tâches au-dessus de
leurs forces, car celui qui sait s'y prendre reste
en communication avec son élémental pour le
diriger à quelque distance qu'il l'ait envoyé, de
façon que la créature semble douée de toute l'intelligence de son créateur.

On a vu des anges gardiens nettement définis
et très agissants produits de cette façon, mais il

est rare que le Karma permette d'intervenir à ce
point dans la vie d'un homme. Cependant il
arrive qu'un disciple des Adeptes qui doit, dans
le cours de sa mission, courir pour eux le risque
d'attaques de forces trop supérieures aux siennes,
est pourvu d'un gardien de cette sorte, dont l'in-
cessante vigilance et le pouvoir formidable se sont
pleinement affirmés.

Les procédés les plus avancés de magie noire
peuvent aussi donner l'existence à des élémentals
artificiels puissants et ce genre d'entité a fait parfois bien du mal. Mais, comme la classe précédente, ils réagissent avec une force terrible sur
leur auteur, si la personne visée se trouve, par la
pureté de sa nature, à l'abri de leur influence, de
sorte que le vieux conte du magicien déchiré par
les démons qu'il avait évoqués n'est pas une pure
fable, mais peut très bien avoir un fonds de vérité.

Diverses causes peuvent faire parfois échapper
ces créatures au contrôle de ceux qui les emploient,
elles deviennent alors des démons errants comme
ceux dont nous avons déjà parlé ; mais douées de
bien plus d'intelligence et de pouvoir, avec une
plus longue durée d'existence, elles sont d'autant
plus dangereuses. Elles cherchent toujours des
moyens de prolonger leur vie, soit en se repais-
sant, comme les vampires, de la vitalité d'êtres
humains, soit en les poussant à leur faire des

offrandes, et, parmi des tribus à demi sauvages, on en a vu réussir en manœuvrant adroitement à se faire reconnaître comme le dieu d'un village ou d'une famille. Toute divinité qui exige des sacrifices comportant l'effusion du sang peut être rangée parmi les élémentals les plus inférieurs et les plus répugnants de cette catégorie. Des types moins fâcheux se contentent d'offrandes de riz et de mets cuits. On peut encore de nos jours trouver les deux variétés dans certaines parties de l'Inde et elles doivent être bien plus communes encore en Afrique.

Grâce à la nourriture qu'elles tirent des offrandes et surtout grâce à la vitalité qu'elles soutirent à leurs dévots, ces étranges divinités peuvent prolonger leur existence pendant des années, des siècles, en gardant même la force d'accomplir de menus phénomènes destinés à stimuler le zèle et la foi de leurs adorateurs ou pour les molester s'ils négligent les sacrifices accoutumés. Par exemple on a affirmé récemment que des incendies spontanés éclataient régulièrement dans un village de l'Inde toutes les fois que la divinité locale ne recevait pas ses repas habituels. Ces incendies se produisaient parfois par trois ou quatre en même temps, dans des circonstances où il était impossible de soupçonner une intervention humaine. D'autres histoires du même genre

sont dans la mémoire de tous ceux qui connaissent un peu les parties écartées de cet étonnant
pays.

L'art de préparer des élémentals artificiels
d'un pouvoir et d'une virulence extrêmes paraît
avoir spécialement appartenu aux magiciens de
l'Atlantide, nommés les « seigneurs de la Face
Noire ». La *Doctrine secrète* nous donne un
exemple de leurs capacités en ce genre, quand
elle nous parle de ces étonnants animaux par-
lants à qui l'on dut offrir du sang pour les empêcher de réveiller leurs maîtres et de les prévenir
de leur prochaine destruction. Mais en outre de
ces bêtes étranges, ils créèrent d'autres entités
artificielles tellement puissantes que l'on prétend
qu'il en survit encore quelques-unes, plus de onze
mille ans après le cataclysme qui engloutit leurs
maîtres. La terrible divinité hindoue qui inspirait
les crimes des Thugs, la sombre Kâli dont on
célèbre encore aujourd'hui le culte avec des rites
trop abominables pour être décrits, pourrait bien
être un reste de ce système qui, pour être détruit,
nécessita la submersion d'un continent et la perte
de soixante-cinq millions de vies humaines.

3º *Humains artificiels.* — Cette classe d'entités,
quoique composée de peu de membres, a conquis
par ses rapports étroits avec un des grands mouvements des temps modernes, une importance

disproportionnée à ce petit nombre. On se demande si elle appartient réellement à la première ou à la troisième de nos divisions principales. Mais quoique certainement humaine, elle est si loin du cours ordinaire de l'évolution, si exclusivement produite par une volonté extérieure, que peut-être est-elle plutôt à sa place parmi les êtres artificiels.

Il sera plus facile pour la décrire de commencer par raconter son histoire, en remontant, pour ce faire, à la grande race atlante. Quand on pense aux adeptes et aux écoles d'occultisme de ce peuple remarquable, l'esprit évoque instinctivement l'image des pratiques blâmables de ses derniers jours ; mais il ne faut pas oublier qu'avant ces âges d'égoïsme et de dégradation, la noble civilisation de l'Atlantide avait produit de grandes et admirables choses et que parmi ses dirigeants, il s'en trouve quelques-uns qui sont maintenant parvenus aux plus sublimes hauteurs que l'homme ait pu atteindre jusqu'ici.

Parmi les loges formées par les Adeptes de la bonne Loi pour les études occultes préliminaires à l'initiation, il s'en trouvait une dans certaine partie de l'Amérique alors tributaire d'un des grands rois de l'Atlantide, « des divins maîtres de la Porte d'Or ». Et à travers mille vicissitudes, changeant de résidence à mesure que chaque pays se trouvait envahi par les éléments discordants d'une civilisation plus récente, cette loge existe encore aujourd'hui, observant toujours le même antique rituel, enseignant même comme une langue secrète et sacrée, le vieux langage atlantéen qui se parlait lors de sa fondation il y a des milliers et des milliers d'années.

Elle demeure ce qu'elle fut au début : une loge d'occultistes ne visant que des objets purs et philanthropiques, capable de pousser ceux de ses disciples qu'elle en jugeait dignes fort loin sur le chemin de la connaissance, et de conférer les pouvoirs psychiques dont elle dispose après les épreuves les plus concluantes des aptitudes du candidat.

Ses instructeurs n'ont pas atteint au niveau des Adeptes, mais ils ont appris à des centaines de disciples à trouver le chemin qui les a menés à l'Adeptat dans des vies subséquentes. Quoique leur loge ne fasse pas directement partie de la Confrérie de l'Himalaya, il y a des membres de cette dernière qui, ayant passé par l'autre dans des incarnations précédentes, continuent à s'intéresser avec une sympathie plus qu'ordinaire à ses actes.

Les chefs de cette loge, tout en tenant leur société et leur personne dans l'ombre, ont cependant fait de temps en temps des efforts pour aider aux progrès de la vérité dans le monde. Il y

a un demi-siècle, émus du matérialisme abject
qui semblait devoir étouffer toute spiritualité en
Europe et en Amérique, ils résolurent d'essayer
de le combattre par des méthodes nouvelles, en
offrant à tout homme sensé la possibilité d'acquérir des preuves absolues d'une vie en dehors du
corps physique, c'est-à-dire du fait que la science
tend à nier. Les phénomènes exhibés n'étaient pas
absolument nouveaux, puisqu'ils reparaissent sous
une forme ou sous une autre tout au long de
l'histoire, mais leur caractère particulier, —la production presque à volonté — était une chose réellement nouvelle dans le monde moderne. Le mouvement qu'ils commencèrent ainsi devint peu à
peu le vaste édifice du spiritisme actuel et, s'il
serait injuste de rendre les auteurs du projet responsables de tous ses résultats, il faut reconnaître qu'ils ont atteint leur but en ce sens qu'un
grand nombre ont cessé de ne croire à rien pour
acquérir à tout le moins une foi solide en une
survie quelconque. Le résultat est sans conteste
magnifique, quoique certains estiment qu'il a
coûté trop cher.

Leur méthode consistait à choisir un défunt
ordinaire, à le rendre pleinement conscient sur le
plan astral, à lui enseigner dans une certaine
mesure les forces et les possibilités de ce plan, et
à lui confier ensuite la direction d'un cercle spi-

rite. Il « développait » à son tour et de la même
manière d'autres personnalités défuntes, et tous
par leur influence sur les assistants aux séances
« développaient » des médiums. Ainsi crût et
prospéra le spiritisme. Sans doute quelques membres vivants de la loge initiatrice se manifes-
tèrent parfois dans certains cercles sous leur
forme astrale — peut-être même le font-ils encore
— mais le plus souvent ils se contentèrent de donner les instructions et la direction qu'ils jugeaient
nécessaires aux « guides » qu'ils avaient ainsi
institués. Il est certain que le mouvement mar-
cha beaucoup plus vite qu'ils ne l'avaient prévu
et qu'il échappa bien vite et tout à fait à leur contrôle, de sorte que, comme on l'a dit plus haut,
ils ne sont qu'indirectement responsables de la
plupart de ses derniers développements.

Naturellement, l'intensité anormale de la vie
astrale suscitée chez les personnes ainsi chargées
d'un cercle, retardait beaucoup leur avancement
naturel. Et malgré l'idée que le bon karma
engendré par l'aide qu'ils donnaient aux cher-
cheurs de la vérité devait largement compenser ce
retard, on s'aperçut bientôt qu'on ne pouvait pas
employer le même « esprit guide » pendant longtemps sans lui nuire gravement et pour longtemps.

Parfois un guide fut retiré et remplacé par un

autre ; parfois quand tel ou tel motif ne permettait pas ce changement, on eut recours à un
expédient remarquable auquel la classe d'entités
que nous avons appelées « artificiels humains »
doit son existence.

On laissait les principes supérieurs du guide
poursuivre leur évolution retardée vers le monde
céleste, mais on s'emparait de l'*ombre* qu'il laissait derrière lui, on la soutenait et on agissait sur
elle de telle sorte qu'elle pût apparaître à peu
près telle qu'avant au cercle dont elle faisait l'ad-
miration. Tout d'abord, il semble que les membres eux-mêmes de la loge aient pris cette peine,
puis ayant trouvé cela gênant et une trop grande
perte de force, comme l'eût été la création d'un
élémental artificiel, on décida que la personne
désignée pour succéder au guide précédent s'ac-
quitterait de cette charge, mais en prenant possession de l'ombre, ou de la coque de celui-ci, par le
fait en revêtant seulement sa ressemblance.

On dit que quelques membres de la loge s'op-
posèrent à cela, parce que malgré l'excellence de
l'intention l'exécution n'allait pas sans quelque
tromperie ; mais l'avis le plus général semble
avoir été, que puisque l'ombre restait la même et
contenait toujours une partie du mental inférieur
primitif, Il n'y avait pas là de véritable tromperie.

Telle fut la genèse des entités humaines artificielles. Il paraît que dans bien des cas le changement passa inaperçu ; mais il est aussi arrivé que des expérimentateurs spirites ont fait la remarque qu'après un laps de temps considérable certaines différences dans les manières et le caractère de « l'esprit » devenaient soudain évidentes.

Inutile de dire qu'aucun des membres de la Confrérie des Adeptes n'a jamais contribué à la formation d'artificiels de cette espèce, mais ils ne pouvaient aucunement empêcher personne de le faire, s'il lui semblait bon. Le point faible de cet arrangement, c'est que bien d'autres loges peuvent l'adopter et que rien ne peut empêcher les magiciens noirs de fabriquer des « esprits » à « communications ». Il est, du reste, notoire qu'ils l'ont déjà fait.

Avec cette classe nous terminons l'étude des habitants du plan astral. Sous les réserves mentionnées quelques pages plus haut, le catalogue peut être considéré comme bien complet. Mais il faut insister sur le fait que ce traité ne prétend être que la plus légère esquisse d'un immense sujet qui demanderait toute une vie d'étude et de travail assidu pour être traité en détail.

PHÉNOMÈNES

Bien qu'au cours de cet ouvrage, divers phénomènes hyperphysiques aient déjà été mentionnés
et dans une certaine mesure expliqués, il semble
pourtant à propos, avant de terminer, de donner
au moins une énumération de ceux qui tombent
le plus souvent sous l'observation des gens qui
s'adonnent à ces recherches, et de montrer quels
sont, parmi les agents que nous avons essayé de
faire connaître, ceux qui les causent d'ordinaire.
Les ressources du monde astral sont toutefois si
variées que presque tous les phénomènes connus
peuvent être produits de plusieurs manières et
qu'il n'est pas possible d'établir de règle absolue.

Les apparitions, fantômes, revenants, en sont
un bon exemple, car de la manière vague dont ces
termes sont employés d'ordinaire, ils peuvent
représenter n'importe quels habitants du plan
astral. Naturellement, les gens développés psy-
chiquement voient constamment de ces choses ;
mais pour qu'une personne ordinaire puisse « voir
un revenant » il faut : ou que l'apparition se ma-

térialisé ou que la personne ait un éclair momentané de perception psychique. Si ces deux conditions n'étaient pas si rares, nous verrions autour de nous autant de revenants que de gens vivants.

Apparitions dans les cimetières. — Si l'on voit l'apparition aux environs d'une tombe, c'est probablement alors le double éthérique de la personne nouvellement enterrée, quoique cela puisse être le corps astral d'un vivant qui hante durant le sommeil la tombe d'un ami ; ou encore une forme-pensée matérialisée, c'est-à-dire un élémental artificiel créé par l'énergie avec laquelle quelqu'un se figure être présent en cet endroit. Une personne habituée à se servir de la vision astrale distinguerait aisément ces variétés, mais une personne inexpérimentée les appellerait indifféremment des « revenants ».

Apparitions de mourants. — Les apparitions au moment de la mort ne sont pas du tout rares et sont souvent de vraies visites rendues par le corps astral du mourant au moment qui précède immédiatement la mort, c'est-à-dire la séparation d'avec le corps physique. Mais ici encore nous pouvons être en présence d'une forme-pensée créée par l'ardent désir de revoir une personne aimée avant de passer dans l'inconnu. Il y a des cas où la visite s'est faite aussitôt après la mort et non avant : alors le visiteur est vraiment un revenant mais pour diverses cau... cette sorte d'apparition est bien plus rare que 'es précédentes.

Localités hantées. — Les apparitions à l'endroit où un crime a été commis sont habituellement des formes-pensées émises par le criminel qui, vivant ou mort, mais surtout mort, repasse continuellement en pensée par toutes les péripéties de son crime. Et comme ces pensées sont plus particulièrement fortes en son esprit aux anniversaires du crime, les élémentals artificiels qu'il crée ne sont souvent assez forts pour se montrer à la vue ordinaire qu'à ces jours-là — ce qui explique la périodicité de certains phénomènes de ce genre.

Un autre point relatif à ce sujet, c'est que partout où une commotion mentale plus qu'ordinaire, épouvante, douleur, haine ou n'importe quelle passion violente, a été ressentie, une impression tellement forte s'est faite sur la *lumière astrale* que la personne la plus faiblement douée au point de vue psychique ne peut qu'en être profondément troublée. La moindre augmentation temporaire de sensibilité suffirait pour faire apercevoir la scène tout entière — pour voir l'événement avec tous ses détails se passer en apparence de nouveau — et on ne manquerait pas de dire alors que l'endroit est hanté et qu'on a vu des revenants.

Il est certain qu'il y a des gens qui n'ont pas
encore la vision psychique à volonté, mais qui
sont néanmoins péniblement impressionnés quand
ils passent par des endroits de ce genre. Il y en
a beaucoup, par exemple, qui se sentent mal à
l'aise en passant près du lieu où se font les exécu-
tions capitales, ou ne peuvent rester dans la *Salle
des Horreurs* de Mᵐᵉ Tussaud, et qui ne se dou-
tent pas que leur malaise est dû aux tableaux
tragiques imprimés dans la lumière astrale autour d'endroits et d'objets imprégnés de crime ou
d'horreur, ainsi qu'à la présence des entités astrales répugnantes qui hantent en foule les lieux
de l'espèce.

Revenants familiaux. — Le revenant familial
qui ne manque pas d'accompagner le donjon féo-
dal dans les histoires fantastiques peut être, soit
une forme-pensée, soit une impression particulièrement forte sur la lumière astrale, ou encore un
ancêtre réellement enchaîné à ce monde terrestre
et aux lieux où il vivait.

Sonnettes tirées, pierres lancées, etc. — On a déjà
fait allusion à une autre sorte de hantise qui
prend la forme de sonnettes tirées, de pierres
lancées, de porcelaines brisées, etc., et qui est à
peu près toujours l'œuvre de forces élémentales
mises en mouvement soit par les efforts maladroits
d'un défunt ignorant qui essaie d'attirer l'atten-

tion de ses proches encore vivants, soit par la
malice puérile d'un esprit de la nature.

Les fées. — Les esprits de la nature sont encore cause de ce qu'il peut y avoir de vrai dans
les histoires de fées si répandues dans certains
pays. Parfois un éclair momentané de clairvoyance qui n'a rien de rare chez les habitants des
pays montagneux permet à un voyageur attardé
de contempler leurs danses joyeuses ; parfois des
tours singuliers sont joués à la victime épouvan-
tée, ou bien une hallucination lui fait voir, par
exemple, des gens et des maisons là où il n'en
existe pas. Et ceci dépasse souvent la simple illusion d'un instant, car un homme croit souvent
passer par de longues et dramatiques aventures
pour se retrouver soudain tout seul dans une
vallée solitaire ou au milieu d'une plaine balayée
par le vent. Mais il n'est guère prudent d'accep-
ter comme sérieuses toutes les légendes populaires de ce genre, car la superstition la plus grossière est souvent mêlée aux préjugés des paysans
sur ces êtres étranges, comme l'a montré récemment un terrible assassinat en Irlande.

Il faut encore attribuer à ces entités une grande
partie des phénomènes psychiques des séances spirites. Bien des séances sont données uniquement
par ces malicieuses créatures et peuvent très bien
présenter des faits très frappants comme des ré-

ponses à des questions et des communications
par des balancements de table ou coups frappés,
l'exhibition de lueurs, des apports d'objets, la lecture des pensées des personnes présentes, des pré-
cipitations d'écritures ou de dessins, même des matérialisations. En somme les esprits de la nature,
s'ils voulaient s'en donner la peine, pourraient
donner à eux seuls une séance aussi remarquable que toutes celles que nous connaissons, car
s'il leur serait difficile de produire certains phénomènes, par contre leur merveilleux pouvoir d'illusion leur permettrait de faire croire sans peine
à tout un cercle qu'ils les produisent, à moins
toutefois qu'il n'y eût dans l'assistance un observateur compétent au courant de leurs procédés et
capable de les déjouer.

Règle générale : toutes les fois que des tours
ridicules ou de grosses farces font partie de la
séance, on peut conclure à la présence d'esprits de
la nature d'un rang inférieur ou d'êtres humains
assez vulgaires pour s'être amusés de pareilles
sottises pendant leur vie.

Communications. — Quant aux entités qui peuvent « communiquer » ou prendre possession d'un
médium et le faire parler en transe, leur nom
est légion. Il n'y a peut-être pas une seule classe
d'habitants du plan astral qui ne puisse en fournir, mais on comprendra d'après ce qui précède

8

qu'il y a bien peu de chances pour que l'entité
ainsi manifestée soit d'une espèce bien relevée.
Un « esprit » qui communique est souvent ce
qu'il prétend être, mais souvent aussi il est tout
autre chose, et un assistant ordinaire n'a aucun
moyen de discerner le vrai du faux ; et les habitants du monde astral disposent de si puissants
moyens de le tromper que l'on ne peut se fier
même à ce qui semble la plus irréfutable des
preuves.

S'il se manifeste quelque chose qui se dise être
le frère depuis longtemps décédé d'un assistant,
celui-ci ne peut pas en avoir la certitude. Si on
lui révèle un fait connu uniquement de lui et de
ce frère, il n'est pas pour cela convaincu, car il
sait que ce fait peut avoir été lu aisément dans
son esprit ou autour de lui dans la lumière astrale.
Même si on va plus loin et qu'on lui dise quelque
chose de relatif à son frère qu'il ignorait, mais
qu'il peut ensuite vérifier, il n'ignore pas non
plus que cela peut avoir été lu aussi dans les
Archives astrales, ou bien que ce qu'il voit peut
n'être que l' « ombre » de son frère, encore en
possession de sa mémoire sans être lui-même.
Loin de moi la pensée de nier que des communications importantes aient été faites parfois à des
séances par des entités qui étaient réellement ce
qu'elles prétendaient être ; je veux dire seulement

qu'il est impossible pour une personne ordinaire qui assiste à une séance d'être sûre de ne pas être trompée d'une demi-douzaine de façons différentes.

Dans un petit nombre de cas, des membres de la loge occulte sus-mentionnée ont eux-mêmes donné par un médium des séries de renseignements précieux sur des sujets très intéressants, mais seulement à des séances strictement privées et non à des réunions publiques et payantes.

Ressources de l'Astral. — Pour comprendre par quelles méthodes sont produits beaucoup de ces phénomènes, il faut se faire une idée des ressources variées dont il a déjà été parlé et qu'une personne fonctionnant sur le plan astral se trouve avoir à sa disposition. Ceci est une partie de notre sujet particulièrement difficile à exposer, surtout à cause de certaines restrictions dont la nécessité est évidente. On fera bien de se rappeler que le plan astral peut être considéré, sous beaucoup de rapports, comme une extension du plan physique, et l'idée que la matière visible peut passer à l'état éthérique (qui, bien qu'invisible, est encore purement physique) peut nous faire comprendre comment un plan se fond dans l'autre. Dans la manière dont les Hindous conçoivent Jagrat, « l'état de veille », le plan physique est combiné avec le plan astral et sept subdivisions

y sont envisagées, qui correspondent aux quatre
états de la matière physique et aux trois grandes
divisions de la matière astrale décrites plus haut.
Ceci posé nous pouvons faire un pas de plus et
comprendre que la vision ou plutôt la perception
astrale peut être définie comme la faculté de
recevoir un nombre infiniment plus considérable
de groupes de vibrations. Physiquement nous
sommes sensibles à un certain groupe de vibrations perçues comme son, à un autre groupe bien
plus rapide perçu comme lumière ; il y a aussi le
groupe des vibrations électriques. Mais il existe
un nombre énorme de vibrations intermédiaires
qui n'affectent en rien nos sens et dont nous
n'avons pas connaissance. On se rendra aisément
compte que si quelques-unes seulement de ces
vibrations intermédiaires, avec toutes les complications résultant des différences possibles dans
leur longueur d'onde, sont perceptibles sur le
plan astral, notre compréhension de la nature
doit être grandement accrue dans ce milieu et
que nous y serions à même d'acquérir de nombreuses notions qui nous sont inaccessibles.

Il est admis que certaines de ces vibrations
traversent aisément la matière solide et cela permet d'expliquer scientifiquement les particularités
de la vision éthérique : mais pour la perception
astrale, la théorie de la quatrième dimension

fournit une explication plus nette et plus complète. Il est évident que la seule possession de la vision astrale suffit à expliquer la possibilité de faits qui nous paraissent tout à fait merveilleux.

Clairvoyance. — Par exemple la lecture d'un passage dans un livre fermé, et comme cette faculté comprend celle de la lecture de la pensée au plus haut degré et, si elle est combinée avec la connaissance de la projection de courants dans la lumière astrale, celle de pouvoir observer ce qu'on veut dans presque n'importe quelle partie du monde, on voit que la plupart des phénomènes de clairvoyance sont explicables sans le secours d'un plan plus élevé. Ceux qui désirent étudier de plus près ce sujet intéressant peuvent lire mon petit traité sur la *Clairvoyance* où toutes ses variétés ont été réunies et expliquées, avec de nombreux exemples à l'appui.

Prévision et seconde vue. — La clairvoyance vraie, exercée, absolument sûre, met en jeu des facultés tout à fait différentes, mais qui, appartenant à un plan supérieur à l'astral, n'entrent pas dans le cadre de cet ouvrage. La faculté de prévoir avec exactitude dérive aussi de ce plan supérieur, mais la vision purement astrale peut en apercevoir comme des éclairs et des reflets, surtout chez les gens simples qui vivent dans des conditions appropriées. La double vue des High-

8.

landers, en Écosse, en est un exemple bien connu. .

Il ne faut pas oublier, non plus, qu'un habitant intelligent du plan astral peut, non seulement percevoir les vibrations éthériques qui échappent aux sens physiques, mais encore apprendre à les adapter à ses propres fins et à les mettre en mouvement.

Forces astrales. — On comprendra facilement que les forces hyperphysiques et l'art de les manier ne soient pas chose à exposer longuement au public pour le moment, quoiqu'il y ait des raisons de supposer que le temps n'est pas très éloigné où des applications de quelques-unes d'entre elles arriveront à être connues de tous. Sans dépasser les limites permises, nous tâcherons d'en donner une idée suffisante pour faire pressentir comment on obtient certains phénomènes.

Tous ceux qui ont une grande expérience des séances spirites où se produisent des phénomènes physiques, ont été quelquefois témoins de l'emploi d'une force à peu près irrésistible; par exemple, dans le transport instantané de poids énormes ; et pour peu qu'ils aient un tour d'esprit scientifique, ils ont dû se demander d'où venait cette force et quel en était le mécanisme. Comme toujours dans le cas de phénomènes astrals, le tra-

vail peut avoir été accompli de plusieurs façons
nous parlerons seulement de quatre.

Courants éthériques. — Primo, il y a de grands
courants éthériques qui parcourent sans cesse la
surface de la terre d'un pôle à l'autre et qui sont
d'un volume tel que leur pouvoir est aussi irrésistible que celui de la marée, et il y a des méthodes qui permettent d'employer sans danger cette
force colossale, quoiqu'il soit effroyablement dangereux de s'y risquer sans l'habileté requise.

Pression éthéri que. — Secundo, il y a ce qu'on
peut appeler la pression éthérique, analogue
à la pression atmosphérique, mais infiniment plus
puissante. Dans la vie ordinaire nous ne sentons
pas plus une de ces pressions que l'autre, mais
elles existent toutes deux et si la science savait
épuiser l'éther aussi bien que l'air dans un espace
donné, on pourrait prouver l'existence de l'une
comme on prouve celle de l'autre. La difficulté,
c'est que la matière à l'état éthérique traverse
sans obstacle la matière à tous les états inférieurs, de sorte que les physiciens ne connaissent
encore aucun moyen d'isoler l'éther. Mais c'est
une chose qu'on apprend dans la pratique de l'occultisme, et par conséquent la force prodigieuse
de la pression éthérique peut être mise en jeu.

Énergie latente. — Tertio, il y a de vastes réserves d'énergie potentielle qui se sont accumu-

mulées à l'état latent dans la matière pendant
l'involution du subtil dans le grossier, et en changeant l'état de la matière, on peut libérer et uti-
liser une portion de cette énergie, un peu comme,
en changeant l'état de la matière physique, on
libère de l'énergie latente sous forme de chaleur (1).

Vibrations sympathiques. — Enfin des résultats
frappants grands et petits peuvent être obtenus
par l'extension d'un principe que l'on peut appeler
des *vibrations sympathiques.* Des comparaisons
tirées du plan physique me semblent le plus souvent obscurcir plutôt qu'éclaircir les phénomènes
du plan astral parce qu'elles ne sont qu'à demi
applicables. Mais deux faits très simples de notre
vie ordinaire pourront nous aider à comprendre
ce point difficile, à condition de ne pas vouloir
pousser l'analogie trop loin.

On sait que si les cordes d'une harpe sont pin-

---

1. Nous lisons dans un article de M. Gustave Lebon sur
La vieillesse des atomes et *l'évolution cosmique* (*Revue
Scientifique*, 1906) :

Tous les corps, le radium comme les autres, représentent
un immense réservoir d'énergie concentrée sous un faible
volume à l'époque de leur formation.

Il y a deux phases dans l'histoire du monde : 1° con-
densation de l'énergie ; 2° dépense de cette énergie.
M. Sageret cité par M. Gustave Lebon.) (N. D. T.)

cées vigoureusement, les cordes de toutes les harpes qui l'entourent vibrent à l'unisson pourvu qu'elles soient accordées sur la première. On sait aussi que, quand des troupes doivent traverser un pont suspendu, il faut leur faire rompre le pas parce que la parfaite régularité de leur marche ordinaire produirait des vibrations croissantes à chaque pas au point de dépasser la limite de la résistance du fer et de déterminer la rupture du pont. Avec ces deux analogies présentes à l'esprit (sans oublier qu'elles ne sont que partielles), on comprend mieux que celui qui sait exactement quel genre de vibrations produire, — qui connaît en quelque sorte la tonalité de la matière sur laquelle il veut agir — peut en frappant la note juste éveiller une quantité immense de vibrations sympathiques. Sur le plan physique il ne se développe aucune énergie supplémentaire ; mais sur le plan astral, il y a cette différence que la matière étant beaucoup moins inerte répond à ces vibrations sympathiques en ajoutant sa propre force active à l'impulsion première, qui peut être ainsi considérablement multipliée. Et en répétant d'une façon rythmée cette première impulsion — comme quand les soldats passent sur le pont — les vibrations peuvent prendre une intensité hors de toute proportion avec leur cause. On peut même dire qu'il n'y a guère de limite aux applications de cette force entre les mains d'un grand adepte, qui en connaît pleinement les ressources, car la construction même de l'univers n'est que le résultat des vibrations éveillées par le Verbe.

Mantras. — La classe de Mantras, ou incantations qui produisent leur effet sans l'aide d'un élémental, mais seulement par la répétition de certains sons, emprunte aussi son efficacité à cette action des vibrations sympathiques.

Désagrégation. — Le phénomène de la désagrégation peut aussi être obtenu par l'application de vibrations extrêmement rapides qui détruisent la cohésion des molécules de l'objet visé. Des vibrations encore plus accélérées et d'un type un peu différent décomposent les molécules en atomes. Un corps ramené par ces moyens à la condition éthérique peut être porté par un courant astral d'un lieu à un autre avec une grande rapidité ; et dès que la force qui a été employée pour l'amener à cet état cesse d'agir, la pression éthérique le ramène à son premier état. Les débutants ont souvent peine à comprendre comment, dans cette expérience, l'objet peut conserver sa forme. On objecte que si un objet métallique — une clé, par exemple — est fondu et porté à l'état gazeux par la chaleur, en se refroidissant il retourne bien à l'état solide, mais que ce n'est plus une clé, seulement un lingot de métal. L'objection paraît juste, mais l'analogie n'est pas complète. L'essence élémentale qui anime la clé se dissiperait en effet dans ce changement d'état, non parce qu'elle serait directement influencée par l'action de la chaleur, mais parce que, quand son corps solide temporaire est détruit, elle retourne au grand réservoir commun de cette essence ; de même que les principes supérieurs de l'homme, bien qu'insensibles par eux-mêmes au froid et au chaud, s'échappent de son corps, quand il est détruit par le feu.

Par conséquent quand le métal de la clé refroidit, l'essence élémentale de l'espèce « terreuse » ou des solides, qui revient dans le lingot n'est plus du tout la même qu'avant et il n'y a aucune raison pour qu'elle reprenne la même forme. Mais un homme qui désintègre la clé dans le but de la transporter par un courant astral, aurait grand soin de maintenir l'essence élémentale dans sa forme jusqu'à ce que le transport fût accompli ; et quand il suspendrait l'effort de sa volonté, elle se trouverait former comme un moule ou plutôt un canevas que les particules en se solidifiant à nouveau viendraient remplir aussitôt en reconstituant l'objet. Alors, à moins que le pouvoir de concentration de l'opérateur n'ait été insuffisant, la forme serait exactement conservée.

C'est ainsi que des objets sont parfois apportés

presque instantanément d'une grande distance
pendant les séances spirites, et il est clair que
l'on peut facilement les faire passer à travers des
corps solides tandis qu'ils sont désintégrés, par
exemple à travers les murs d'une maison ou les
parois d'une boîte fermée. De sorte que ce qu'on
appelle « le passage de la matière à travers la
matière », n'est pas plus difficile à opérer, quand
on sait s'y prendre, que le passage de l'eau à
travers un filtre, ou d'un gaz à travers un liquide
dans une expérience de laboratoire.

Puisqu'il est possible, en modifiant la nature
des vibrations, de changer l'état de la matière, de
l'éthérique au solide, on comprend qu'en renver-
sant l'expérience on peut amener la matière éthérique à l'état solide.

Matérialisation. — De même que le premier
procédé explique le phénomène de la désintégration, le second explique celui de la matérialisation;
et de même que, dans le premier cas, il faut un effort
de volonté pour empêcher l'objet de revenir à sa
forme primitive, il faut aussi, dans le second, un
effort soutenu pour que la matière matérialisée
ne retourne pas à l'état éthérique.

Dans les matérialisations que l'on voit dans les
séances ordinaires, la matière nécessaire est empruntée autant que possible au double éthérique
du médium, — opération nuisible à la santé et fâ-

cheuse à plusieurs autres points de vue. C'est ce qui explique pourquoi la forme matérialisée se tient presque toujours aux environs immédiats du médium et qu'elle est continuellement attirée vers le corps d'où elle est sortie ; de telle sorte que si on la retient trop longtemps loin du médium, l'apparition s'évanouit et la matière qui la composait, revenue à l'état éthérique, retourne précipitamment à sa source.

Il n'est pas douteux que, dans certains cas, de la matière physique dense et visible soit aussi empruntée au corps du médium, quelque difficile qu'il soit pour nous de comprendre la possibilité de ce transfert. J'ai été moi-même témoin de phénomènes de ce genre, bien prouvés par une diminution considérable dans le poids du corps physique du médium. Des cas semblables sont cités dans *Gens de l'autre monde* du colonel Olcott et *Un cas de dématérialisation partielle* d'Aksakow.

Pourquoi l'obscurité? — La raison pour laquelle les êtres qui dirigent les séances préfèrent opérer dans l'obscurité ou avec une lumière très faible, c'est que leur pouvoir est d'ordinaire insuffisant pour maintenir la matérialisation d'une figure ou même d'une main pendant plus de quelques secondes au milieu des vibrations intenses accompagnant une brillante lumière.

Les habitués des séances spirites auront remar-

9

qué que les matérialisations sont de trois sortes : 1° celles qui sont tangibles, mais non visibles ; 2° celles qui sont visibles, mais non tangibles ; 3° celles qui sont à la fois visibles et tangibles. Au premier genre, le plus nombreux, appartiennent les mains invisibles qui caressent si souvent les assistants ou transportent de petits objets à travers la pièce, et les organes vocaux qui produisent la « voix directe ». En ce dernier cas on emploie une espèce de matière qui ne reflète ni intercepte la lumière, mais qui est susceptible d'éveiller dans l'atmosphère des vibrations que nous percevons comme son.

Photographies spirites. — Une variante de cette classe est cette espèce de matérialisation partielle qui, sans pouvoir réfléchir aucune lumière visible, agit cependant sur les rayons ultra-violets et, faisant ainsi une impression plus ou moins nette sur la plaque sensible, nous donne les photographies spirites.

Quand le pouvoir est insuffisant pour produire une matérialisation parfaite, on obtient les formes vaporeuses qui constituent notre seconde classe et, en ce cas, les « esprits » avertissent généralement les assistants de ne pas toucher aux apparitions. Quand, ce qui est plus rare, la matérialisation est complète, c'est que la force est suffisante pour maintenir, au moins quelques instants, des formes qui peuvent être à la fois vues et touchées.

Si un Adepte ou son disciple a besoin, dans un but quelconque, de matérialiser son véhicule astral ou mental, il n'emprunte rien à son double éthérique, ni à celui de personne, car il a appris à extraire la matière qui lui est nécessaire directement de l'éther ambiant.

Duplication. — Un autre phénomène étroitement rattaché à cette partie de notre sujet est celui de la duplication ; il se produit tout simplement en formant une image mentale parfaite de l'objet à copier et en rassemblant autour de ce canevas la matière astrale et physique nécessaire. Naturellement, il faut pour cela que toutes les particules intérieures aussi bien qu'extérieures de l'objet soient simultanément présentes à l'esprit, de sorte que ce phénomène demande un pouvoir considérable de concentration. Les personnes qui ne savaient pas extraire directement la matière de l'éther ambiant l'ont parfois empruntée à l'objet primitif qui se trouve alors avoir perdu une portion correspondante de son poids.

Précipitation. — Il est beaucoup question dans la littérature théosophique de la précipitation de lettres ou de dessins. Ce résultat, comme tous les autres, peut être obtenu de plusieurs façons. Un Adepte qui désire communiquer avec quelqu'un pourrait placer devant lui une feuille de papier,

former une image mentale de ce qu'il veut écrire
et emprunter à l'éther la matière nécessaire pour
reproduire l'image sur le papier ; ou il pourrait
encore aussi facilement la faire apparaître sur
une feuille de papier chez son correspondant,
quelle que fût la distance. Une troisième méthode
plus souvent employée, parce qu'elle prend moins
de temps, c'est de suggérer le contenu de la lettre
à un disciple et de lui faire faire tout le travail
mécanique de la précipitation. Le disciple prend
sa feuille de papier, s'imagine qu'il voit la lettre
écrite au-dessus de la main de son maître et procède
comme il a été dit pour la faire apparaître. S'il
avait de la peine à accomplir simultanément les
deux opérations de l'emprunt de la matière à
l'éther et de la précipitation de l'écriture, il pourrait mettre sur la table à côté de lui une petite
quantité d'encre ou de poudre colorée qui seraient
d'un emploi plus facile, étant déjà à l'état de matière dense.

Il est tout à fait évident que ce pouvoir serait
extrêmement dangereux entre les mains d'une
personne sans scrupules, puisqu'il est aussi facile
d'imiter une écriture que l'autre et qu'il serait
impossible, par les moyens ordinaires, de découvrir un faux commis de cette manière. Un disciple
qui est positivement attaché à un Maître possède
toujours un signe infaillible pour reconnaître si

un message vient de ce Maître ou non, mais les autres n'ont de preuves que celles fournies par le contenu de la lettre et l'esprit qui l'anime, car l'écriture, si ressemblante qu'elle soit, n'a aucune valeur comme preuve.

Quant au temps nécessaire pour cette précipitation, un disciple peu au courant de ces procédés, ne pourrait visualiser que quelques mots à la fois et n'écrirait guère plus vite que par les moyens ordinaires, mais un sujet plus expérimenté se représenterait simultanément toute une page ou peut-être la lettre entière et terminerait plus rapidement sa tâche. C'est ainsi que de longues lettres sont parfois produites en quelques secondes aux séances spirites.

Quand il s'agit de précipiter une peinture, la méthode est absolument la même, sauf qu'il est impérieusement nécessaire de visualiser tout le tableau à la fois. Et s'il demande plusieurs couleurs on se trouve en présence d'une nouvelle complication : fabriquer ces couleurs, les tenir séparées et reproduire exactement les teintes de l'original. Il y a là de quoi déployer tout un talent artistique et il s'en faut que tous les habitants du monde astral soient capables de produire un bon tableau ; un homme qui, vivant, aurait été un grand peintre et saurait par suite voir, et quoi voir, réussirait naturellement beaucoup mieux qu'une personne ordinaire, s'il essayait de faire une précipitation après sa mort.

Ardoises. — L'écriture entre des ardoises, exécutée dans des conditions de garantie imposées, qui a rendu fameux certains médiums, est parfois produite par précipitation ; mais plus souvent, un morceau de crayon enfermé entre les ardoises est guidé par une main fantomale, dont seuls les bouts des doigts sont matérialisés pour le tenir.

Lévitation. — Un phénomène qui se produit quelquefois aux séances, et plus fréquemment chez les Joguis de l'Inde, est celui qu'on appelle lévitation : le corps humain flottant dans l'air. Sans doute, quand ceci arrive à un médium, il est souvent simplement porté par des « mains d'esprits » mais il y a une manière plus scientifique d'y parvenir que l'on emploie toujours dans l'Inde et parfois en Europe. La science occulte sait les moyens de neutraliser et même de renverser complètement l'attraction due à la pesanteur, et il est clair que, par un usage judicieux de ce pouvoir, on peut produire facilement des phénomènes de lévitation. C'est sans doute la connaissance de ce secret qui permettait aux nefs aériennes de l'Inde ancienne et de l'Atlantide de s'élever de terre et d'être rendues assez légères pour être mues et dirigées avec facilité. Il est probable aussi que la connaissance des forces subtiles de la nature intervint pour faciliter le travail de ceux qui élevèrent les pierres énormes employées dans l'architecture cyclopéenne ou la construction des Pyramides et des ruines colossales de Stonehenge.

Lumières spirites. — La production de lumières spirites est très facile aux habitants du plan astral grâce à toutes les ressources que ce plan met à leur disposition, soit qu'il s'agisse d'une simple phosphorescence ou de la variété éblouissante, ou de ces curieux globules dansants et lumineux, en lesquels certaine classe d'élémentals du feu se transforme aisément. Toute lumière étant une vibration de l'éther, il est évident que quiconque sait produire ces vibrations obtient l'espèce de lumière qu'il désire.

Manipulation du feu. — C'est aussi à l'aide de l'essence élémentale éthérique que le phénomène remarquable de la manipulation du feu sans brûlures se produit, quoique cela puisse encore se faire par d'autres moyens. La couche la plus mince de substance éthérique peut être préparée de manière à rendre insensible à la chaleur la main qu'elle recouvre et un médium ou un assistant ainsi garanti peut saisir un charbon ardent ou du fer rouge sans aucun risque.

Transmutation des métaux. — La plupart des phénomènes spirites ont été cités dans ce qui précède, mais en dehors d'eux s'en trouvent un ou deux plus rares qui ne doivent pas être passés sous silence.

La transmutation des métaux est d'ordinaire considérée comme n'étant qu'un rêve des alchi-mistes du moyen âge et sûrement, dans la plu-part des cas, la description du phénomène n'est qu'un symbole de la purification de l'âme. Mais il semble bien prouvé qu'à plusieurs reprises le phénomène fut vraiment produit. Et même au-jourd'hui il y a dans l'Inde des petits magiciens qui prétendent le faire dans des conditions qui seraient tout à fait probantes. Quoi qu'il en soit, il est clair que puisque l'ultime atome est le même dans toutes les substances et que, seules, les com-binaisons diffèrent, quiconque sait réduire un morceau de métal à l'état atomique et réarranger ensuite ses atomes autrement, ne peut avoir de peine à effectuer, autant qu'il veut, la transmuta-tion.

Répercussion. — Le principe des vibrations sympathiques cité plus haut fournit l'explication d'un phénomène étrange et peu connu appelé répercussion, par lequel toute blessure infligée ou toute marque faite à la forme matérialisée se reproduit sur le corps physique. Nous en trou-vons des exemples dans les preuves recueillies au cours des procès de sorcellerie du moyen âge, où l'on voit souvent qu'un coup porté à la sorcière sous la forme d'un chien ou d'un loup s'est retrouvé à la partie correspondante de son corps humain. La même étrange loi a motivé parfois des accusations bien injustes de fraude envers un médium quand, par exemple, une matière colorante frottée sur la main de l'esprit matérialisé s'est ensuite retrouvée sur la main du médium. L'explication, c'est que dans ce cas, comme il arrive souvent, l'esprit n'était que le double éthérique du médium forcé par les influences dirigeantes à prendre une forme différente. En réalité ces deux parties du corps physique sont si intimement liées qu'il est impossible de faire résonner la tonique de l'un sans produire, dans l'autre, des vibrations correspondantes.

CONCLUSION

On espère que le lecteur qui aura trouvé ce traité assez intéressant pour aller jusqu'au bout aura maintenant une idée générale du plan astral et de ses possibilités, suffisante pour pouvoir comprendre et mettre à sa place n'importe quel fait du genre cité dans un livre.

Quoiqu'on n'ait pu que faire une rapide esquisse d'un très grand sujet, on en a dit assez peut-être pour montrer l'extrême importance de la perception astrale dans l'étude de la biologie, de la physique, de la chimie, de l'astronomie, de la médecine et de l'histoire, et quelle impulsion son développement donnerait à toutes ces sciences.

Cependant son acquisition ne doit jamais être envisagée comme un but par elle-même, puisque tous moyens employés dans cette intention aboutiraient inévitablement à la méthode de développement appelée dans l'Inde *Laukika*, système par lequel certains pouvoirs psychiques sont en effet conquis, mais seulement pour la personnalité actuelle. Et comme cette acquisition n'est entourée d'aucunes des garanties nécessaires, son usage a toutes les chances de tourner à l'abus. Tous les systèmes qui comportent l'usage de drogues ou l'invocation des élémentals et les procédés du *Hatha Yoga*, rentrent dans cette classe.

L'autre méthode est appelée *lokottara* consiste dans le Raja Yoya, ou progrès spirituel, et quoiqu'un peu plus lente que l'autre, c'est l'individualité permanente que ses efforts enrichissent; par conséquent les progrès qu'on y a faits sont acquis pour toujours, tandis que la direction d'un Maître est une sauvegarde contre les abus, aussi longtemps que ses ordres sont ponctuellement exécutés. L'acquisition de la vision astrale ne doit donc être considérée que comme une étape du développement de quelque chose d'infiniment plus élevé en dignité, un pas, et un très petit pas, sur ce grand Sentier qui monte vers les hauteurs sublimes des Adeptes et au delà, à travers de glorieuses perspectives de sagesse et de pouvoir que nos esprits limités ne peuvent maintenant concevoir.

Que personne ne s'imagine que la possession de la vision astrale étendue soit un bienfait sans mélange, car la misère, le mal, la douleur et l'âpreté du monde deviennent un fardeau continuel à qui a vu s'ouvrir ces nouveaux horizons. Il est souvent tenté de redire l'adjuration passionnée de

Schiller : « Pourquoi m'as-tu jeté les yeux ouverts
dans la cité des aveugles pour annoncer tes ora-
cles ? Reprends cette triste clairvoyance ! Ote à
mes yeux cette lumière cruelle ! Rends-moi mon
aveuglement, l'heureuse obscurité de mes sens.
Reprends ton don fatal. » Ajoutons, toutefois, que
si un pareil sentiment est assez naturel aux premières étapes du Sentier, une vision plus haute
et une connaissance plus profonde apportent au
chercheur la certitude que toutes choses concou-
rent au bien futur de tous; que :

Heure par heure, comme une fleur qui s'ouvre,
　　　　Les vérités fleuriront,
Car le soleil peut pâlir et nous manquer les étoiles:
　　　　La Loi de Dieu demeure ;
Sa splendeur éclate, son influence croît
　　　　Au lent travail de la nature,
Du menu zoophyte aux Grands Maîtres de Tout,
　　　　A travers les millions d'années.

FIN

TABLE DES MATIÈRES

RENSEIGNEMENTS

SOCIÉTÉ THÉOSOPHIQUE

La Société théosophique est un organisme composé d'étudiants appartenant, ou non, à l'une quelconque des religions ayant cours dans le monde. Tous ses membres ont approuvé, en y entrant, les trois buts qui font son objet; tous sont unis par le même désir de supprimer les haines de religion, de grouper les hommes de bonne volonté, quelles que soient leurs opinions, d'étudier les vérités enfouies dans l'obscurité des dogmes, et de faire part du résultat de leurs recherches à tous ceux que ces questions peuvent intéresser. Leur solidarité n'est pas le fruit d'une croyance aveugle mais d'une commune aspiration vers la vérité qu'ils considèrent, non comme un dogme imposé par l'autorité, mais comme la récompense de l'effort, de la pureté de la vie et du dévouement à un haut idéal. Ils pensent que la foi doit naître de l'étude ou de l'intuition, qu'elle doit s'appuyer sur la raison et non sur la parole de qui que ce soit.

Ils étendent la tolérance à tous, même aux intolérants, estimant que cette vertu est une chose que l'on doit à chacun et non un privilège que l'on peut accorder au petit nombre. Ils ne veulent point punir l'ignorance, mais la détruire. Ils considèrent les religions diverses comme des expressions incomplètes de la Divine Sagesse et, au lieu de les condamner, ils les étudient.

Leur devise est Paix; leur bannière, Vérité.

La Théosophie peut être définie comme l'ensemble des vérités qui forment la base de toutes les religions. Elle prouve que nulle de ces vérités ne peut être revendiquée comme propriété exclusive d'une église. Elle offre une philosophie qui rend la vie compréhensible et démontre que la justice et l'amour guident l'évolution du monde. Elle envisage la mort à son véritable point de vue, comme un incident périodique dans une existence sans fin et présente ainsi la vie sous un aspect éminemment grandiose. Elle vient, en réalité, rendre au monde l'antique science perdue, la *Science de l'Ame*, et apprend à l'homme que l'âme c'est lui-même, tandis que le mental et le corps physique ne sont que ses instruments et ses serviteurs. Elle éclaire les Écritures sacrées de toutes les religions, en révèle le sens caché, et les justifie aux yeux de la raison comme à ceux de l'intuition.

Tous les membres de la Société théosophique étudient ces vérités, et ceux d'entre eux qui veulent devenir Théosophes, au sens véritable du mot, s'efforcent de les vivre.

Toute perssonne désireuse d'acquérir le savoir, de pratiquer la tolérance et d'atteintre à un haut idéal, est accueillie avec joie comme membre de la Société théosophique.

SIÈGE DE LA SECTION FRANÇAISE

DE LA

SOCIÉTÉ THÉOSOPHIQUE

59, avenue de La Bourdonnais, Paris

Buts de la Société

1º Former un noyau de fraternité dans l'humanité, sans distinction de sexe, de race, de rang ou de croyance ;

2º Encourager l'étude des religions comparées, de la philosophie et de la science ;

3º Étudier les lois inexpliquées de la nature et les pouvoirs latents dans l'homme :

L'adhésion au premier de ces buts est seule exigée de ceux qui veulent faire partie de la Société.

Pour tous renseignements s'adresser, selon le pays où l'on réside, à l'un ou l'autre des secrétaires généraux des Sections diverses de la Société dont voici les adresses :

France : 59, avenue de La Bourdonnais, Paris, 7º.

Grande-Bretagne : 28, Albemarle street, Londres, W.

*Pays-Bas : * 76, Amsteldjik, Amsterdam.
*Italie : * 7, Corso Dogali, Gênes.
*Scandinavie : * 7, Engelbrechtsgatan, Stockholm.
*Indes : * Theosophical Society, Bonarès, N. W. P.
*Australie : * 42, Margaret street, Sydney, N. S. W.
*Nouvelle-Zélande : * Mutual Life Building, Lower
Queen street, Auckland.
*Allemagne : * 17, Motzstrasse, Berlin W.
*États-Unis : * 7, W 8 th street, New-York.
*Amérique centrale : * Apartado, 365, La Havane.
Cuba.

ÉTUDE GRADUÉE
de l'Enseignement Théosophique

Ouvrages élémentaires.

Ouvrages d'instruction générale.

Ouvrages d'instruction spéciale.

Ouvrages d'ordre éthique.

Neuf Upanishads, par G. R. S. Mead . . . 2 »
Sur le Seuil, relié . . . . 2·50

Revue Théosophique française : le *Lotus Bleu*, publie la *Doctrine Secrète* en fascicules distincts. Le numéro : 1 fr. ABONNEMENT : France, 10 fr.; Étranger, 12 fr. Années antérieures, 12 fr.

PUBLICATIONS THÉOSOPHIQUES

10, rue Saint-Lazare, Paris.

———

CONFÉRENCES ET COURS

SALLE DE LECTURE. — BIBLIOTHÈQUE. — RÉUNIONS.

Au siège de la Société : 59, avenue de La Bour-donnais.

Le siège de la Société est ouvert tous les jours de la semaine de 3 à 6 heures, et les 1er et 3mes dimanches à 10 heures et demie du matin. Prière de s'y adresser pour tous renseignements.

Mayenne, Imprimerie Ch. COLIN.

www.ingramcontent.com/pod-product-compliance
Lightning Source LLC
Chambersburg PA
CBHW052100090426
42739CB00010B/2254